Unterrichtsmodell

Frank Wedekind

Frühlings Erwachen

Erarbeitet von
Stefan Rogal

Herausgegeben von
Johannes Diekhans

Inhaltsverzeichnis

Unterrichtsmodell

**Frank Wedekind
Frühlings Erwachen**

Einstieg
S. 13–18 im Modell

S. 13–18 im Modell

Baustein 1

1.1	Kartenabfrage	ges. Text	Textarbeit, Tafelskizze/Folie, Arbeitsblatt
1.2	Klappentext		
1.3	Hauptfiguren		
1.4	Umschlagzeichnungen		

Baustein 2

Problemkreis „Schule"
S. 19–39 im Modell

2.1	Das „Schul-Bild" der Kindertragödie		
2.1.1	Nicht für die Schule, sondern für das Leben…	ges. Text	Textarbeit, Tafelskizze
2.1.2	Räumliche Bedingungen des Lernens	v.a. I,4; III,1	
2.1.3	Schulbelastung	v.a. II,1	
2.1.4	Schülerselbstmorde	v.a. II,5; III,1; III,2	Textarbeit, (+ Referat)
2.1.5	Schulangst	v.a. I,4; II,1	Textarbeit, ggf. als Referat
2.2	*Frühlings Erwachen* als Beispiel der Schulliteratur		
2.2.1	Die Schule in der Literatur	ges. Text	Textarbeit, Tafelskizze
2.2.2	Schulliteratur-Synopse	ges. Text	Textarbeit, Arbeitsblatt, ggf. Referate
2.3	Zeitgeschichtliche Rahmenbedingungen		
2.3.1	Die gute alte Zeit	ges. Text	Textarbeit (+ Referat),
2.3.2	Die alte Schule	v.a. I,2; II,1; III,1	Textarbeit
2.3.3	Sozialdarwinismus	v.a. III,3; III,6; III,7	Textarbeit, Tafelskizze, ggf. als Referat
2.4	Aktuelle Bedeutung		
2.4.1	„Was haben wir heute gelernt?"	v.a. I,2; II,1	Textarbeit, Tafelskizze
2.4.2	100 Jahre Schule	ges. Text	Textarbeit
2.4.3	Die vernichtende Kritik an der „alten" Schule	ges. Text	Textarbeit, Arbeitsblatt, ggf. als Referat

---

Baustein 3

Problemkreis „Sexualität"
S. 40–50 im Modell

3.1	Bewältigungsversuche jugendlicher Sexualität	v.a. I,2; I,5; II,3; II,4; III,4; III,6	Textarbeit, Tafelskizze/ Folie
3.2	Stellungnahme Erwachsener zur jugendlichen Sexualität	v.a. I,1; II,1; II,2; III,1; III,2; III,3; III,5	Textarbeit, Tafelskizze/ Folie
3.3	Zeitgeschichtliche Rahmenbedingungen	ges. Text	Textarbeit, (ggf. Referat)
3.4	Aktuelle Bedeutung	ges. Text	Textarbeit, Schreibauftrag

Baustein 4

Dramenspezifische Aspekte
S. 51–72 im Modell

4.1	Aufbau	ges. Text, Titel, Gattung, Widmung	Textarbeit, Tafelskizze/ Folie, Arbeitsblatt
4.2	Gegensätze	ges. Text, I,1; III,7	Textarbeit, Tafelskizze, Schreibauftrag
4.3	Figuren	ges. Text, II,2	Textarbeit, Tafelskizze/ Folie, Darst. Spiel
4.4	Gesamtinterpretation	ges. Text	Textarbeit, Arbeitsblatt, Folie

---

Baustein 5

Biografische Rezeption von *Frühlings Erwachen*
S. 73–83 im Modell

5.1	Biografische Selbstreflexion von Schulerfahrungen		Arbeitsblatt, Schreibauftrag
5.2	Biografische Reflexion der Kindertragödie	ausgew. Textst.	Textarbeit, Schreibauftrag, Darst. Spiel
5.3	Persönliche Bedeutung von *Frühlings Erwachen*	ges. Text	Schreibauftrag

?	Arbeitsfrage
	Einzelarbeit
	Partnerarbeit
	Gruppenarbeit
	Unterrichts-gespräch
abc	Schreibauftrag
	Szenisches Spiel
	Mal- und Zeichenauftrag
	Bastelauftrag
P	Projektorientierung, offenes Unterrichtsangebot

Vorwort

Der vorliegende Band ist Teil einer Reihe, die Lehrerinnen und Lehrern erprobte und an den Bedürfnissen der Schulpraxis orientierte Unterrichtsmodelle zu ausgewählten Ganzschriften und weiteren relevanten Themen des Faches Deutsch bietet.

Im Mittelpunkt der Modelle stehen Bausteine, die jeweils thematische Schwerpunkte mit entsprechenden Untergliederungen beinhalten.

In übersichtlich gestalteter Form erhält der Benutzer/die Benutzerin zunächst einen Überblick zu den im Modell ausführlich behandelten Bausteinen.

Es folgen:

- Hinweise zu den Handlungsträgern
- Zusammenfassung des Inhalts und der Handlungsstruktur
- Vorüberlegungen zum Einsatz des Buches im Unterricht
- Hinweise zur Konzeption des Modells
- Ausführliche Darstellung der einzelnen Bausteine
- Zusatzmaterialien

Ein besonderes Merkmal der Unterrichtsmodelle ist die Praxisorientierung. Enthalten sind kopierfähige Arbeitsblätter, Vorschläge für Klassen- und Kursarbeiten, Tafelbilder, konkrete Arbeitsaufträge, Projektvorschläge. Handlungsorientierte Methoden sind in gleicher Weise berücksichtigt wie eher traditionelle Verfahren der Texterschließung und -bearbeitung.

Das Bausteinprinzip ermöglicht es dabei den Benutzern, Unterrichtsreihen in unterschiedlicher Weise und mit unterschiedlichen thematischen Akzentuierungen zu konzipieren: Auf diese Weise erleichtern die Modelle die Unterrichtsvorbereitung und tragen zu einer Entlastung der Benutzer bei.

Das vorliegende Modell bezieht sich auf folgende Textausgabe: Frank Wedekind: Frühlings Erwachen. Eine Kindertragödie. Hrg. von Johannes Diekhans, erarbeitet von Stefan Rogal. Paderborn: Schöningh Verlag 1999. Best.-Nr.: 022323

westermann GRUPPE

© 2000 Ferdinand Schöningh, Paderborn

© ab 2004 Bildungshaus Schulbuchverlage
Westermann Schroedel Diesterweg Schöningh Winklers GmbH
Braunschweig; www.westermann.de

Druck A[10] / Jahr 2021
Alle Drucke der Serie A sind im Unterricht parallel verwendbar.

Umschlaggestaltung: Jennifer Kirchhof
Druck und Bindung: Westermann Druck GmbH, Braunschweig

ISBN 978-3-14-022324-9

Titelbild der Erstausgabe (1891)

„Alles ist gut,
wie es aus den
Händen
des Schöpfers
kommt; …

… alles entartet
unter den Händen
des Menschen."
J.J. Rousseau

Hauptfiguren

Melchior Gabor	selbstbewusst, nachdenklich, kritisch, „Atheist", Klassenbester, sexuell aufgeklärt Freundschaft zu Moritz, (sexuelle) Beziehung zu Wendla Schlüsselfigur, die sich – zwischen Tod und Leben stehend – bewusst für das Leben entscheidet Charakteristische Äußerung: „Ich *will* nichts, was ich mir nicht habe erkämpfen müssen!" (29, 25/26)
Herr Gabor	Jurist, der sich buchstabengetreu an den Grundsätzen der bürgerlichen Gesellschaft orientiert und sie dem Leben bis zur Unmenschlichkeit aufzwingt repräsentiert – wie Rektor, Lehrer, Pastor und Medizinalrat – die Gesellschaft „Wer zu schwach für den Marsch ist, bleibt am Wege." (56, 21)
Frau Gabor	künstlerisch „angehaucht" und scheinbar liberal denkend, offenbart sie mehrfach ihre konservative Haltung, über Melchior steht sie mit Moritz Stiefel in Kontakt, dessen Situation sie ebenso verkennt wie diejenige ihres Sohnes „Ich werde die Erste sein, die es dankbar anerkennt, wenn du mir niemals Grund gibst dir etwas vorenthalten zu müssen." (28, 20–22)
Wendla Bergmann	neugierig, verlangt nach sexueller Aufklärung, wird von ihren Freundinnen bewundert, bleibt jedoch in ihrer naiven Welt gefangen und fällt ihrer Naivität zum Opfer wird in den meisten ihrer Beziehungen manipuliert „O Mutter, warum hast du mir nicht alles gesagt!" (65, 5)
Frau Bergmann	orientiert sich in ihrem Verhalten an der Tradition, der Gesellschaft und „Gott", scheut selbst vor radikalen Maßnahmen nicht zurück, um den Schein bürgerlicher Wohlanständigkeit zu wahren, auch über den Tod ihrer Tochter hinaus eine „Normalbürgerin", die sich vehement gegen „das Leben" stemmt „Ich habe an dir nicht anders getan, als meine liebe gute Mutter an mir getan hat." (65, 10/11)
Moritz Stiefel	ängstlich, gehemmt, leidet unter schulischen/gesellschaftlichen Leistungsforderungen wie unter seiner sexuellen Unaufgeklärtheit bemüht (scheinbar existenzielle) Erwartungen zu erfüllen, erkennt er „das Leben" erst, als es für ihn bereits vorbei ist „Ich passe nicht hinein." (39, 18)

Hänschen Rilow	hat die Doppelmoral der bürgerlichen Gesellschaft selbstständig erkannt und kann dadurch den „Lebens-Kampf" erfolgreich meistern
	seine homoerotische Beziehung zu Ernst ist für ihn nur eine von mehreren Varianten, das (sexuelle) Leben zu genießen
	scheinbar eine Randfigur, die jedoch die Aussage des Dramas positiv verkörpert
	„Ich habe meinen Kopf nun schon aus so mancher Schlinge gezogen ..." (66, 36/37)
Ilse	(Akt-) „Modell", das das Leben in vollen Zügen genießt, ja „das Leben" (indirekt) personifiziert
	steht außerhalb der bürgerlichen Gesellschaft
	zeigt den (nicht zwingend notwendigen!) Widerspruch zwischen gesellschaftlichen Konventionen und Lebensgenuss
	„Bis es an euch kommt, lieg ich im Kehricht." (45, 3)
Rektor Sonnenstich	ist ausschließlich auf den „guten Ruf" bzw. das Weiterbestehen seiner Anstalt fixiert und in der Ausübung seiner Pflicht jenseits der Realität sowie aller pädagogischen Ansprüche
	steht für den Geist der „alten" Schule
	„Wir sehen uns in die Notwendigkeit versetzt, den Schuldbeladenen zu richten um nicht als die Schuldlosen gerichtet zu werden." (48, 18–20)
der vermummte Herr	dieser schillernden Figur hat Wedekind *Frühlings Erwachen* gewidmet, repräsentiert sie doch „das Leben", das selbst inmitten widrigster, todbringender Bedingungen blühen und Möglichkeiten des Genießens finden kann
	„das Leben", das notwendig in Beziehung zu allen Figuren stehen müsste, offenbart sich (direkt) personifiziert Moritz und Melchior
	„Du lernst mich nicht kennen ohne dich mir anzuvertrauen." (72, 30/31)

Inhalt und Szenenverzeichnis

Frühlings Erwachen. Eine Kindertragödie[1]

Schauspiel in drei Akten von Frank WEDEKIND, entstanden 1890/91, Uraufführung: Berlin, 20. 11. 1906, Kammerspiele.

Wedekinds erstes großes, seinen Ruhm begründendes Bühnenwerk führt in lockerer Szenenfolge die Pubertätsnöte einer in Schule und Elternhaus verständnislos behandelten bürgerlichen Jugend um 1890 vor. Aus persönlichen Erlebnissen oder denen seiner Schulkameraden schöpfend (*„fast jede Szene entspricht einem wirklichen Vorgang"*), greift der Autor die unselig ineinander verstrickten Schicksale dreier Kinder heraus: das der vierzehnjährigen Wendla Bergmann, die von ihrer Mutter aus falscher Scham im Zustand kindlicher Unwissenheit über alles Geschlechtliche gehalten wird, und die der ungleichen Schulfreunde Moritz Stiefel und Melchior Gabor. Moritz, selbstquälerisch veranlagt und ängstlich, wird von der Schule und seinen auf strenge Pflichterfüllung pochenden Eltern überfordert, Melchior erscheint gefestigt, sich selbst unproblematisch, von seiner Mutter vernünftig und tolerant erzogen. Realistisch denkend, will er seinen Freund von quälenden Grübeleien und sexuellen Zwangsvorstellungen befreien, indem er ihm eine selbst verfasste Aufklärungsschrift zusteckt; Moritz aber ist durch die Lektüre eher verstört als beruhigt, sodass er sich nicht aufs Lernen konzentrieren kann; er wird nicht versetzt, denkt in seiner Verzweiflung an Flucht nach Amerika und nimmt sich schließlich das Leben.

Unterdessen haben sich Melchiors und Wendlas Wege gekreuzt. Das Mädchen hat den Jungen verwirrt und erregt, indem es sich von ihm schlagen ließ; bei ihrer nächsten, halb zufälligen, halb gewollten Begegnung verführen die beiden einander. Melchior wird nach Moritzens Selbstmord wegen der Aufklärungsschrift, die nach Ansicht der borniertenLehrer die Verzweiflungstat ausgelöst hat, von der Schule verstoßen und von seinen hilflosen Eltern in eine Erziehungsanstalt gesteckt; Wendla stirbt an einer von ihrer Mutter veranlassten Abtreibung. In der letzten Szene begegnen sich nachts an Wendlas Grab Melchior, aus der Anstalt entflohen, und der tote Moritz, *„seinen Kopf unter dem Arm"*. Melchior, verzweifelt über Wendlas Ende, an dem er sich schuldig fühlt, denkt an Selbstmord; Moritz unterstützt ihn darin, indem er ihm die Erbärmlichkeit des Lebens ausmalt. Als Melchior gerade die Hand des Toten zustimmend fassen will, erscheint *„der vermummte Herr"* – dieser Gestalt, Inkarnation des unzerstörbaren Lebens, hat Wedekind seine Tragödie gewidmet –, tritt Moritzens verführerischer Schilderung des Todes heftig entgegen und zieht Melchior mit sich fort.

Die Haupthandlung ist eingebettet in eine Reihe von episodischen Dialogen, die die jugendliche Unreife der Helden und aus ihr geborene Gefühlsverwirrungen deutlich machen: altkluges Backfischgeplauder, Schülerdebatten über Idealismus und Materialismus, verzweifelte Selbstbefriedigung, knabenhafte Homoerotik. All das, mit psychologischem Scharfblick erfasst, wird nicht naturalistisch ausgemalt, sondern in gedrängten, gelegentlich ins Visionäre gesteigerten Szenen dargestellt. In scharfem Gegensatz zu diesen mit dunkler Naturpoesie durchwobenen Dialogen der Jugendlichen stehen die Auftritte der schrill karikierten Pädagogen, die Namen wie Sonnenstich, Knochenbruch, Fliegentod oder Prokrustes tragen. – Die Pathos und Groteske hart gegeneinander setzende Dramaturgie und der lyrisch-expressive Dialogstil weisen auf die Vorbilder LENZ, GRABBE und BÜCHNER hin.

[1] Aus: Kindlers Neues Literatur Lexikon. Band 17. Copyright © 1990 by Kindler Verlag GmbH, München, S. 463/464

Wedekind verstand sich schon in seiner Frühzeit in künstlerischer wie persönlicher Hinsicht als entschiedener Antipode GERHART HAUPTMANNS und wurde von den jungen Expressionisten als einer ihrer Vorläufer angesehen. – *Frühlings Erwachen* wurde seit der ersten Buchausgabe (1891) als *„unerhörte Unflätigkeit"* (Wedekind, in *Was ich mir dabei dachte)* von der Zensur verfolgt und erst 1912 – in einer etwas gemilderten Bühnenfassung – durch einen mutigen Entscheid des Berliner Oberverwaltungsgerichts endgültig zur öffentlichen Aufführung freigegeben.

Szenenverzeichnis

I	1	Wendla/Frau Bergmann Kleid
	2	Melchior/Moritz Sexualität
	3	Wendla/Martha/Thea Marthas Eltern/Kinder bekommen
	4	Gymnasiasten Moritz' Versetzung
	5	Melchior/Wendla Egoismus/Schläge

II	1	Melchior Schulbelastung/sexuelle Befriedigung
	2	Wendla/Frau Bergmann „Aufklärung"
	3	Hänschen Rilow Monolog/Reproduktion(en)
	4	Melchior/Wendla Verführung/Vergewaltigung
	5	Frau Gabor Brief an Moritz
	6	Wendla Monolog
	7	Moritz/Ilse Selbstmordabend

III	1	Schulkonferenz
	2	Moritz' Begräbnis
	3	Herr/Frau Gabor Melchior/Korrektionsanstalt
	4	Korrektionsanstalt
	5	Wendlas „Krankheit"/Schwangerschaft
	6	Hänschen Rilow/Ernst Röbel Genuss/ihre Beziehung
	7	Melchior/Moritz/vermummter Herr Tod/Leben

Vorüberlegungen zum Einsatz der Kindertragödie im Unterricht

Wedekinds Kindertragödie *Frühlings Erwachen* von 1891 gehört heute zu den klassischen Schullektüren im Fach Deutsch.

Die besondere Eignung für einen unterrichtlichen Einsatz liegt in den dramatisierten Problemkreisen: Eltern/Erwachsene/Generationskonflikt, Erziehung, Freundschaft, Gesellschaft, Glaube/Religion/Kirche, Leben, Lebensstil, Liebe, Pubertät, Schule, Selbstmord, Sexualität, sexuelle Aufklärung, Tod, ungewollte Schwangerschaft/Abtreibung etc.

Frühlings Erwachen bildet zudem den Auftakt einer umfangreichen Gruppe von Texten der sog. „Schuldichtung" oder „Schulliteratur"; dadurch ergeben sich Möglichkeiten für die Gestaltung von (vergleichenden) Unterrichtsreihen.

Wedekind spiegelt in seinem Drama die Gesellschaft des ausgehenden 19. Jahrhunderts. Nur auf den ersten Blick scheint eine Betrachtung dieses Spiegelbildes lediglich von historischem Interesse zu sein. Durch eine engagierte problemakzentuierte, vielleicht sogar auf die Lebensgeschichte der/des Lernenden rückbezogene Rezeption erschließt sich die Bedeutung des Textes für unsere heutige „Risikogesellschaft", für die konkrete existenzielle Situation der einzelnen Schülerin oder des einzelnen Schülers. Inwieweit – so ließe sich z.B. fragen – stehen Wendla, Moritz, Melchior usw. für die Gesellschaft des endenden 19. Jahrhunderts, inwieweit repräsentiere ich die Gesellschaft des beginnenden 21. Jahrhunderts? Gerade die scheinbare Distanz zu den Figuren des Stückes kann den Weg dazu ebnen, die aktuelle Lebenswirklichkeit umso klarer zu erkennen.

Dass *Frühlings Erwachen* ein relativ kurzer Text mit ansprechenden, schülernahen Problemkreisen ist, darf nicht zu falschen Schlussfolgerungen verleiten. Textausgabe und Unterrichtsmodell wurden aufgrund der Komplexität der Problematik des Dramas vor allem für die Jahrgangsstufen 11-13 konzipiert.

Auch Schülerinnen und Schülern der Oberstufe sollte eine im Vorfeld der Unterrichtsreihe liegende Lesezeit von einer Woche eingeräumt werden; darüber hinaus ist es ratsam, dass der Text während des Reihenverlaufs ein zweites Mal gelesen wird.

Die vielfältigen historischen, soziologischen, religiösen, pädagogischen, ja philosophischen Implikationen des Stückes bieten Anreize für eine Fächerkooperation mit den entsprechenden Gesellschaftswissenschaften.

Auf die Möglichkeit des Projekts einer eigenen Inszenierung des Dramas durch die Lerngruppe soll hier nur hingewiesen werden (vgl. Textausgabe, S. 96ff.).

Weitergehendes Vorbereitungsmaterial finden die Lesenden dieses Modells in der Literaturliste (S. 110).

Darüber hinaus sind Mitschnitte verschiedener Inszenierungen von *Frühlings Erwachen* bei den Filmbildstellen erhältlich.

Klausurvorschläge

Die folgenden Klausurvorschläge zielen auf eine Gesamtinterpretation von *Frühlings Erwachen* gegen Ende der Unterrichtsreihe. Selbstverständlich eignen sich auch im Modell angebotene Arbeitsaufträge situationsspezifisch verändert als Aufgabenstellungen für Klausuren.

„Die erzieherische Unfähigkeit vieler Erwachsener besteht in ihrer psychologischen Ungeschicklichkeit, Stellung zu nehmen zur infantilen Sexualität" (Meng, 1928)
1. Beziehen Sie die These von Meng so konkret wie möglich auf *Frühlings Erwachen* (Textbelege!).
2. Inwieweit interpretiert die These das Stück?
3. Welche Aktualität messen Sie *Frühlings Erwachen* bei?

„Eine Mordtat ist in Deutschland straffrei: wenn ein Vater seinen Sohn auf ein humanistisches Gymnasium gibt." (Simplicissimus, 1911)
1. Beziehen Sie die Äußerung so konkret wie möglich auf *Frühlings Erwachen* (Textbelege!).
2. Inwieweit interpretiert die Äußerung das Stück?
3. Welche Aktualität messen Sie *Frühlings Erwachen* bei?

„Sehr geehrter Herr
Gestatten Sie mir, Ihnen mit gleicher Post eine Arbeit *Frühlingserwachen* vorzulegen, in der ich die Erscheinungen der Pubertät bei der heranwachsenden Jugend poetisch zu gestalten suchte, um denselben wenn möglich bei Erziehern, Eltern und Lehrern zu einer humaneren rationelleren Beurteilung zu verhelfen. [...]" (Wedekind, 1891)
1. Inwieweit besitzt diese Äußerung von Wedekind interpretative Kraft für *Frühlings Erwachen*?
2. Belegen Sie Ihre Position konkret am Text.
3. Wägen Sie – insbesondere vor dem Hintergrund der obigen Äußerung – die Aktualität der Kindertragödie ab.

Textstelle 70,24 (Wir können die Jugend ...) bis 71,5 (... dass beide betrunken sind)
1. Analysieren Sie das hier gezeichnete Weltbild.
2. Inwieweit bietet es Aufschlüsse für die Interpretation von *Frühlings Erwachen*?

1. Formulieren Sie Ihre eigene Interpretationshypothese zu *Frühlings Erwachen* in einem Satz.
2. Stützen Sie diese Hypothese dadurch, dass Sie darlegen, inwieweit sie die Hauptaussagen des Stückes (Textbelege!) berücksichtigt.
Hinweis: Eine Hypothese darf durchaus „falsifiziert" werden.

Hinweise zur Konzeption des Modells

Baustein 1 präsentiert verschiedene Impulse zum Einstieg in die unterrichtliche Arbeit.

Wedekind schrieb 1891 an einen Kritiker: „Gestatten Sie mir, Ihnen mit gleicher Post eine Arbeit *Frühlingserwachen* vorzulegen, in der ich die Erscheinungen der Pubertät bei der heranwachsenden Jugend poetisch zu gestalten suchte, um denselben wenn möglich bei Erziehern, Eltern und Lehrern zu einer humaneren rationelleren Beurteilung zu verhelfen. [...]". Wie auch immer wir diese Äußerung einschätzen, sie betont den pädagogischen Akzent des Stückes, hebt ihn explizit aus verschiedenen weiteren durchaus interessanten inhaltlichen wie formalen Charakteristika der Kindertragödie hervor. Dem folgt die Konzeption des vorliegenden Unterrichtsmodells, das die Bausteine „Schule" und „Sexualität" an den Anfang stellt. Insbesondere **Baustein 2** regt dazu an, *Frühlings Erwachen* im Zusammenhang weiterer Texte der „Schuldichtung" zu betrachten, um einen literaturgeschichtlichen „roten Faden" zu erkennen.

Baustein 3 bezieht sich auf die Hauptproblematik des Dramas. Grundsätzlich gilt jedoch für *Frühlings Erwachen* in ganz besonderem Maße, dass hinter sämtlichen auf der Bühne gezeigten Handlungen eine Bedeutungsebene liegt, die im Unterricht zu erschließen ist.

Mit **Baustein 4** („Dramenspezifische Aspekte") rückt die textimmanente Analyse und Interpretation ins Zentrum des Modells. Selbstverständlich können dabei lediglich bestimmte Schwerpunkte berücksichtigt und exemplarisch behandelt werden.

Baustein 5 möchte Möglichkeiten der lebensgeschichtlich akzentuierten Auseinandersetzung mit dem Text aufzeigen. Die Schülerinnen und Schüler erhalten Gelegenheiten zur Reflexion eigener Erfahrungen vor dem Hintergrund von *Frühlings Erwachen*. Das Modell beabsichtigt (nicht nur im letzten Baustein), die Lernenden für eine individuelle Relevanz des Textes zu sensibilisieren.

Die Reihenfolge der Bausteine ist nicht verbindlich. Die größtmögliche Offenheit der Konzeption des Modells soll seine situative Einsatzfähigkeit gewährleisten.

Stets werden Vergleiche motiviert: *Frühlings Erwachen* kann mit anderen Texten sowie Zusatzmaterialien (auch in Bildform) in einen Dialog treten: Die Kindertragödie wird sowohl im Kontext ihrer zeitgeschichtlichen Rahmenbedingungen als auch in ihrer aktuellen Bedeutung beleuchtet; die existenzielle Situation der Dramenfiguren wird der konkreten Lebenswirklichkeit der Schülerinnen und Schüler gegenübergestellt.

Dabei finden nicht nur streng textanalytische, sondern gleichermaßen handlungs- und produktionsorientierte Verfahren Verwendung.

Besonderer Wert wurde darauf gelegt, ansprechende Zusatzmaterialien anzubieten, die flexibel genutzt werden können (auch für Referate oder Klausuren).

Referatvorschläge und Leseempfehlungen für Schülerinnen und Schüler sollten rechtzeitig Berücksichtigung finden, um den Lernenden eine weitestgehend selbstständige Erschließung von *Frühlings Erwachen* zu ermöglichen.

Die thematischen Bausteine des Unterrichtsmodells

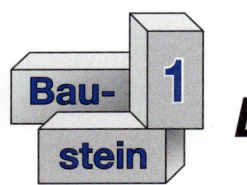

Bau-stein 1

Einstieg

In diesem ersten kurzen Baustein werden einige Impulse angeboten, die die Auseinandersetzung mit *Frühlings Erwachen* eröffnen können.

Die Lernenden sollten angehalten werden ihre Überlegungen grundsätzlich schriftlich festzuhalten, sei es auch nur stichwortartig. Gerade die Gedanken zu den ersten Leseeindrücken können gegen Ende der Unterrichtsreihe (vgl. Baustein 5.3) nochmals aufgegriffen werden: Es ist sicherlich interessant zu verfolgen, wie die unterrichtliche Arbeit die Wahrnehmung und Bewertung des Dramas beeinflusst hat. Die Lehrperson sei an dieser Stelle daran erinnert, dass die Vergabe der Referate (s. S. 107) spätestens zum Einstieg in die Reihe abgeschlossen sein sollte.

1.1 ❐ Kartenabfrage

Der erste Leseeindruck kann mithilfe einer Kartenabfrage eingefangen und systematisiert werden.

Die Schüler und Schülerinnen erhalten je drei vorbereitete Karten (vgl. Arbeitsblatt 1, S. 17) und den Auftrag, ihre Leseeindrücke stichwortartig zu notieren.

Nun setzen sich alle in einem Gesprächskreis zusammen und die Karten werden in die Mitte des Stuhlkreises gelegt.

Zunächst werden die positiven, dann die negativen und schließlich die Aussagen zu „Was ist Ihnen sonst noch wichtig?" laut vorgelesen.

❐ *Was wurde bei der Lektüre als positiv, was als negativ empfunden?*

Nach dieser groben Systematisierung werden die Karten in einem zweiten Durchgang nach übergeordneten Kriterien sortiert (Charaktere, Themenbereiche wie Schule, Sexualität, Erziehung …)

❐ *Nennen Sie inhaltliche Kriterien, nach denen wir die Karten sortieren könnten.*
❐ *Ordnen Sie die Karten zu.*

Die Karten werden auf ein großes Wandplakat geklebt, das – wenn möglich – an die Wand des Kursraumes gehängt wird.
Der Arbeitsauftrag für die dann folgende Schreibphase lautet:

❐ *Verfassen Sie für das Buch einen Klappentext, in dem die Kartennotizen, die Ihnen wesentlich erscheinen, auftauchen.*

Die Schreibzeit sollte 15 Minuten nicht überschreiten. Jeder Schüler liest dann seinen Text in der Klasse vor.

Alternativ wäre es denkbar, die Form eines „stummen Schreibgesprächs" zu wählen, um die verschiedenen Eindrücke einzuholen. Die Arbeit erfolgt in Gruppen (bis zu 4 Schüler und Schülerinnen pro Gruppe). Jede Gruppe erhält vorbereitete große Plakate, und Stifte unterschiedlicher Farbe werden an die Gruppenteilnehmer ausgegeben.

Auf einer Folie wird folgende Vorgehensweise notiert und für alle sichtbar gemacht:

> 10 Minuten:
>
> Schreiben Sie Ihre Gedanken und Einschätzungen zu *Frühlings Erwachen* auf die Plakate. Vermeiden Sie es, zu sprechen.
>
> 10 Minuten:
>
> Treten Sie in einen stummen(!) Dialog mit Ihren Gruppenmitgliedern, indem Sie deren Niederschrift auf dem Plakat kommentieren.
>
> 10 Minuten:
>
> Diskutieren Sie im Anschluss in der Gruppe Ihre Ergebnisse und bereiten Sie sich für eine kurze Präsentation im Plenum vor.

Im Plenum werden anschließend die einzelnen Ergebnisse vorgestellt. Möglich ist es auch, die Plakate an den Wänden des Klassenzimmers aufzuhängen und zunächst den Schülern die Gelegenheit zu geben, die Plakate der anderen Gruppen zu betrachten.
Der Lehrer oder ein Schüler übernimmt die Aufgabe, die wichtigsten Punkte der Präsentation auf Folie festzuhalten.

Am Ende der Stunde sollte Zeit zur Reflexion der Methode „Kartenabfrage" bzw. „stummes Schreibgespräch" bleiben.
❐ *Wie sind wir vorgegangen? Was haben wir erreicht?*

1.2 ❐ Klappentext

Bei diesem Verfahren zum Einstieg wird ähnlich verfahren wie zuvor. Die Schüler arbeiten dabei weitgehend selbstständig in Gruppen. Jede Gruppe erhält ein großes Blatt Papier und schreibt den Titel „Frühlings Erwachen" in die Mitte. Anschließend werden über einen bestimmten Zeitraum der Reihe nach Begriffe um den Titel herum aufgeschrieben, die den Schülern zum Text einfallen. Es kann sich um Wertungsaspekte, inhaltliche Gesichtspunkte oder auch Verständnisakzente handeln. Die Lernenden sprechen während dieser Phase (ca. 10 Minuten) nicht miteinander. Anschließend erhalten sie folgenden Auftrag:
❐ *Sie haben wahrscheinlich zahlreiche Begriffe um den Titel herum aufgeschrieben. Einigen Sie sich im Gruppengespräch auf sechs Begriffe, die Ihnen besonders wichtig erscheinen, und kreisen Sie sie rot ein.*

14

Es wird wahrscheinlich eine lebhafte Diskussion einsetzen, in der die Schülerinnen und Schüler zwangsläufig ihre persönlichen Zugehensweisen und Verstehensprobleme in Bezug auf den Text artikulieren. Es schließt sich eine kleine Schreibphase mit folgendem Auftrag an:

☐ *Verwenden Sie die sechs Begriffe für eine kleine schriftliche Buchbesprechung. Es kann sich auch um einen möglichen Klappentext handeln. Da er nicht veröffentlicht wird, können Sie selbstverständlich auch Probleme mit dem Text darin zum Ausdruck bringen, wenn diese aus den von Ihnen gewählten Begriffen hervorgehen.*

Das in den Texten verwendete Begriffsrepertoire gibt der Lehrperson deutlich Aufschluss über den Verstehenshorizont und die Erarbeitungsinteressen der Schüler und kann für die Planung der thematischen Schwerpunkte genutzt werden.

Die Texte können ebenfalls am Ende wieder aufgegriffen werden und nach der Besprechung im Sinne eines tatsächlichen Klappentextes überarbeitet werden.

1.3 ☐ Hauptfiguren

Eine weitere Möglichkeit des Einstiegs kann mithilfe einer vorläufigen, die individuellen Rezeptionsweisen der Schülerinnen und Schüler berücksichtigenden Charakterisierung der Hauptfiguren erfolgen. Die Schüler arbeiten dabei in Gruppen und halten ihre Ergebnisse auf dem Arbeitsblatt 2 (S. 18) fest, um sie anschließend dem Plenum zu präsentieren. Auch auf diesem Weg wird ein intensiver Austausch über die ersten Leseeindrücke erfolgen.

Die Handlungsübersicht:
Nach einem allgemeinen Austausch über die ersten Leseeindrücke erhalten die Schülerinnen und Schüler den Auftrag:

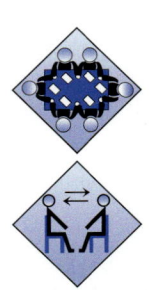

☐ *Skizzieren Sie den Handlungsverlauf von* Frühlings Erwachen.
Sie können dabei das Auftreten der Hauptfiguren zugrunde legen.
Benennen Sie das Geschehen jeweils stichwortartig.
Achten Sie darauf, dass Ihre Skizze übersichtlich bleibt, sodass sie Ihnen jederzeit eine Orientierung in der Kindertragödie ermöglicht.

Auf diese Weise erfolgt eine angemessene Textsicherung. Da in Gruppen gearbeitet wird, dürfte es ebenfalls zu intensiven Gesprächen über thematische Akzente und Deutungsfragen kommen. Sinnvoll ist es, wenn eine Gruppe ihre Ergebnisse auf Folie festhält, um abschließend vergleichend darüber sprechen zu können. Folgendes Ergebnis ist dabei denkbar:

Szene	Wendla	Melchior	Moritz
I,1	Kleid		
I,2		Sexualität	
I,3	Marthas Eltern/Kinder (bekommen)	(geht vorüber und grüßt)	
I,4		Moritz' Versetzung	
I,5	Egoismus/Schläge		
II,1		Schulbelastung/sexuelle Befriedigung	
II,2	„Aufklärung"		
II,3			
II,4	Verführung/Vergewaltigung		
II,5			
II,6	Monolog		
II,7			Selbstmordabend
III,1		Schulkonferenz	
III,2			
III,3			
III,4		Korrektionsanstalt	
III,5	Wendlas „Krankheit"/ Schwangerschaft		
III,6			
III,7		Tod/Leben	

1.4 ❐ Umschlagzeichnungen

Möglich ist es auch bereits zu Beginn mit dem Zusatzmaterial 1 (Umschlagzeichnungen, S. 84–85) zu arbeiten. Nach dem allgemeinen Austausch über die ersten Leseeindrücke erhalten die Schülerinnen und Schüler die verschiedenen Umschlaggestaltungen (die fünfte findet sich auf S. 5) auf Folie oder als Kopie. Folgende Fragen und Aufträge können im Mittelpunkt der Besprechung stehen:

❐ *Welche Erwartungen wecken die fünf Umschlagzeichnungen?*
❐ *Auf welche(n) Aspekt(e) des Stücks zielen die Umschläge?*
❐ *Welche Abbildung halten Sie für die inhaltlich angemessenste?*
❐ *Welche Zeichnung erachten Sie für die gegenwärtig absatzwirksamste? Begründen Sie Ihren Standpunkt.*
❐ *Sollte Ihnen keine der Umschlagzeichnungen gefallen, entwerfen Sie (gedanklich) eine eigene Ihrem Textverständnis entsprechende.*

Der erste Leseeindruck

✂ -

Was hat Ihnen an der Lektüre gefallen?

✂ -

Was hat Ihnen an der Lektüre nicht gefallen?

✂ -

Was ist Ihnen sonst noch wichtig?

✂ -

EinFach Deutsch: Unterrichtsmodell: Frühlings Erwachen. ©Verlag Ferdinand Schöningh, 2000

Die Hauptfiguren

> **Wendla** [...], die von ihrer Mutter aus falscher Scham im Zustand kindlicher Unwissenheit über alles Geschlechtliche gehalten wird
>
> **Moritz,** selbstquälerisch veranlagt und ängstlich, wird von der Schule und seinen auf strenge Pflichterfüllung pochenden Eltern überfordert
>
> **Melchior** erscheint gefestigt, sich selbst unproblematisch, von seiner Mutter vernünftig und tolerant erzogen[1]

Die obigen Angaben skizzieren Wendla, Moritz und Melchior nur sehr knapp.
Ergänzen Sie Charakteristika, die Sie für wesentlich erachten.
Welche Erkenntnisse lassen sich aus dieser Charakterisierung darüber ableiten, wie Wedekind in Frühlings Erwachen *die Figuren zeichnet?*

Wendla: _____

_____

_____

_____

_____

_____

Moritz: _____

_____

_____

_____

_____

_____

Melchior: _____

_____

_____

_____

_____

_____

_____

[1] Aus: Kindlers Neues Literatur Lexikon. Band 17. Copyright © 1990 by Kindler Verlag GmbH, München, S. 463

Problemkreis „Schule"

Aus didaktischen Überlegungen wird der umfangreichste Baustein dem in *Frühlings Erwachen* dramatisierten Aspekt „Schule" gewidmet. Diese Problemakzentuierung würdigt die aktuelle Lebenssituation der Schülerinnen und Schüler und will zu einer lebendigen Auseinandersetzung mit dem literarischen Text motivieren. Inhaltlich lässt sich eine solche Entscheidung dadurch rechtfertigen, dass *Frühlings Erwachen* als typisches Beispiel der „Schuldichtung" (vgl. Maier, Textausgabe, S. 81f.) bezeichnet werden kann.

Wedekind zeigt uns ein – autobiografisch gefärbtes – Bild der Schule des ausgehenden 19. Jahrhunderts; es deckt sich durchaus mit Bildern, wie wir sie aus anderen Texten dieser Zeit kennen.

Eine ausgezeichnete Darstellung der sog. „alten" Schule können wir Wolfgang Scheibes Werk *Die Reformpädagogische Bewegung 1900-1932* entnehmen. Die Kenntnis der Schulwirklichkeit um 1900 ist für das Verständnis von *Frühlings Erwachen* nicht unerheblich. Aus diesem Grund wurde Scheibes Überblick als Zusatzmaterial aufgenommen (s. Zusatzmaterial 14, S. 95ff.).

Obwohl Wedekind die Schule nur durch wenige Striche bzw. indirekt über die Figuren skizziert, fällt die z.T. eklatante Übereinstimmung seines Schulbildes mit Scheibes Kriterien auf.

Es überrascht nicht, dass eine solche Schule Angst auslöst; die extrem hohe Zahl von Schülerselbstmorden erscheint als notwendige Folge.

Zudem kommt es aufgrund der gesellschaftlichen Situation des Bürgertums zu Verhaltensweisen, die sich mit dem Begriff des Sozialdarwinismus charakterisieren lassen.

Insbesondere ein Blick auf die pädagogische Reformbewegung zu Beginn des 20. Jahrhunderts zeigt, wie aktuell die 1891 von Wedekind aufgegriffenen Konflikte waren.

Die Diskussion der Frage, ob „das tradierte staatliche Schulsystem mit seinen Strukturen und Merkmalen bis heute nicht grundsätzlich verändert worden ist" (vgl. Zusatzmaterial 13, S. 94) kann uns die Bedeutung der Lektüre von *Frühlings Erwachen* in der Gegenwart veranschaulichen.

Im Unterricht wird es zunächst darum gehen, das Schul-Bild der Kindertragödie so exakt wie möglich zu analysieren.

2.1 ☐ Das „Schul-Bild" der Kindertragödie

2.1.1 ☐ Nicht für die Schule, sondern für das Leben ...

In *Frühlings Erwachen* wird ein Schul-Bild entfaltet, das in ganz besonderem Maße geprägt scheint von Senecas „nicht für das Leben, sondern für die Schule lernen wir" (so die korrekte Übersetzung aus Senecas *Epistulae Morales*) – Rektor Sonnenstich und seine Kollegen setzen diesen Gedanken im negativsten Sinne um, weitestgehend im Einklang mit anderen Instanzen der Gesellschaft.

Gebhardts Ölbild *Klosterschüler* von 1882 (Textausgabe, S. 83) – Wedekind besuchte in diesem Jahr das Gymnasium in Aarau – kann den Gegensatz zwischen einem Gefangensein in schulischen Belangen und einem selbstständigen, freien Über-diese-Belange-Hinausblicken verdeutlichen.

In einem Unterrichtsgespräch können die Schülerinnen und Schüler erörtern, inwieweit sie in dem Klosterschüler links im Bild Moritz Stiefel sowie rechts Melchior Gabor erkennen (vielleicht finden sie sogar sich selbst wieder).

Analyse und Interpretation des Bildes können intensiv in die Kindertragödie hineinführen und vielfältige Bezüge aufdecken, die in einer Tafelskizze (s.u.) fixierbar sind. Hier lassen sich Textbelege ergänzen. Es muss klargestellt werden, dass ursprünglich zwischen Text und Bild kein expliziter Zusammenhang besteht. Interessant wäre abschließend eine Relativierung bzw. Umkehrung der in der Tafelskizze festgehaltenen Ergebnisse: die Suche nach der Lebenssehnsucht des Moritz Stiefel (z.B. 40, 22/23) sowie der Todesneigung des Melchior Gabor (z.B. 26, 11).

❏ *Beschreiben Sie das Bild* Klosterschüler *(Textausgabe, S. 83).*
❏ *Angenommen, es stünde in einem direkten oder indirekten Zusammenhang mit* Frühlings Erwachen: *Worauf könnte es sich beziehen?*
❏ *Wie weit reichen die Übereinstimmungen?*

In einem weiteren Schritt erfolgt nun die Rückbindung an den Primärtext:

❏ *Charakterisieren Sie die Lebenshaltungen von Moritz sowie von Melchior stichwortartig.*
❏ *Lässt sich jeweils eine Grundhaltung ermitteln? Beziehen Sie den Ausgang des Dramas in Ihre Überlegungen ein.*

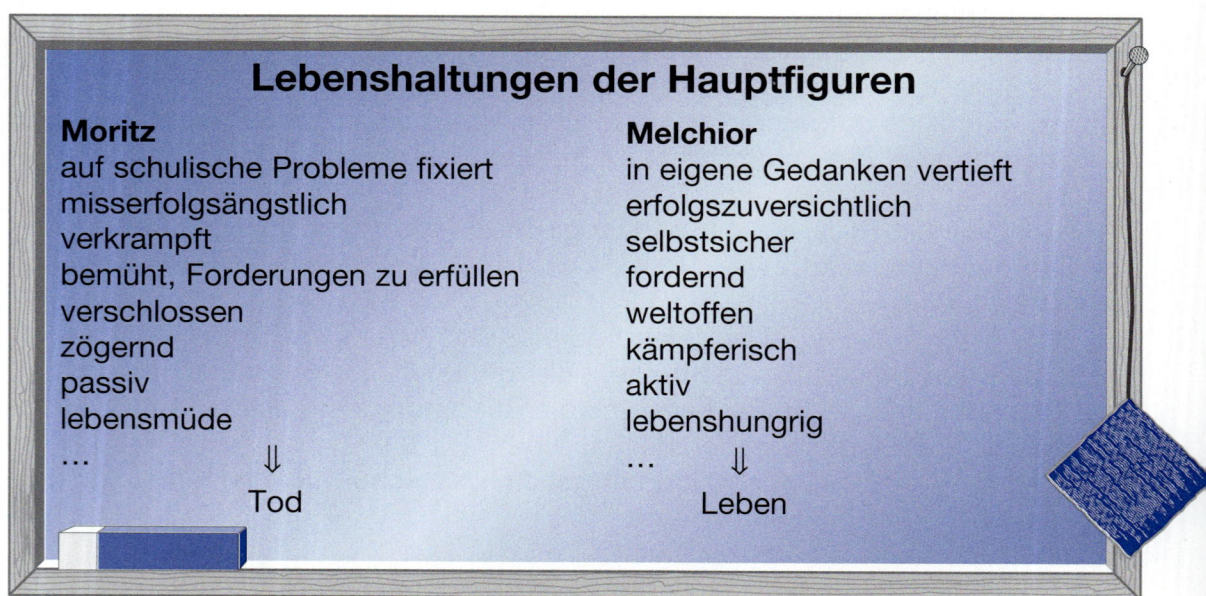

Lebenshaltungen der Hauptfiguren

Moritz	Melchior
auf schulische Probleme fixiert	in eigene Gedanken vertieft
misserfolgsängstlich	erfolgszuversichtlich
verkrampft	selbstsicher
bemüht, Forderungen zu erfüllen	fordernd
verschlossen	weltoffen
zögernd	kämpferisch
passiv	aktiv
lebensmüde	lebenshungrig
… ⇓	… ⇓
Tod	Leben

2.1.2 ❏ Räumliche Bedingungen des Lernens

In *Frühlings Erwachen* werden räumliche Bedingungen des Lernens nur angedeutet; bei näherem Hinsehen finden sich zahlreiche Hinweise darauf: Sowohl von Moritz als auch von Robert erfahren wir, dass „das Klassenzimmer oben nur (!) sechzig fasst!" (9, 12/13 und 20, 12/13). Robert erwähnt die Einrichtung der Eselsbank (20, 11) weiterhin können wir auf einen Karzer schließen (19, 9/10 und 27, 39/40). Während in I,4 das Heiligtum des Konferenzzimmers nur angedeutet wird, erlauben die besonderen Umstände in III,1 sogar einen aufschlussreichen Einblick dort hinein: „auf erhöhtem Sessel Rektor Sonnenstich", der kauernde Pedell, ein zugemauertes Fenster sowie, „eine Atmosphäre wie in unterirdischen

Katakomben" werden kontrastiert durch „Bildnisse von Pestalozzi und J.J. Rousseau".

All diese Angaben sollten wahr- und für die Textinterpretation ernst genommen werden, dürfen jedoch nicht zu unmittelbaren Schlussfolgerungen über die Schulwirklichkeit um 1900 verleiten.

Die Abbildung (Zusatzmaterial 2, S. 86) und der Arbeitsauftrag können für räumliche Bedingungen des Lernens sensibilisieren: Dies betrifft sowohl die Rezeption von *Frühlings Erwachen* als auch die Art und Weise, wie Schülerinnen und Schüler hier und jetzt ihr Schulgebäude erleben.

Für den zweiten Arbeitsauftrag wurde die Gruppenarbeit vorgeschlagen, um möglichst viele Merkmale und (ggf. sogar konträre) Einschätzungen dieser Merkmale sammeln zu können.

Am Rande sei erwähnt, dass eine Unterrichtsreihe zu *Frühlings Erwachen* durch den Besuch eines Schulmuseums verlebendigt und bereichert werden kann.

❏ *Verdeutlichen Sie sich die in* Frühlings Erwachen *beschriebenen schulischen Räumlichkeiten (oft finden sich nur Andeutungen).*

❏ *Welche Auswirkungen ergeben sich aus den räumlichen Bedingungen? Formulieren Sie ein Resümee.*

Die Ergebnisse können folgendermaßen an der Tafel festgehalten werden:

Räumliche Bedingungen des Lernens

Katheder (11, 36)	räumlich ausgedrückte Hierarchie/ Distanz
Konferenzzimmer (18, 30/31)	Entscheidungen über Belange der Schule/Schüler werden räumlich streng abgeschirmt getroffen
(Karzer) (19, 9/10)	Strafen
Eselsbank (20, 11)	erniedrigende Ausgrenzung vom Unterricht
das Klassenzimmer kann nicht mehr als 60 fassen (20, 12/13)	scheinbar „Bildung" für viele, in Wirklichkeit rigorose Selektion
Bildnisse von Pestalozzi und J.J. Rousseau (46, 2/3)	scheinbare Orientierung an humanen Pädagogen
am oberen Ende auf erhöhtem Sessel Rektor Sonnenstich (46, 6/7)	Hierarchie auch im Lehrerkollegium
Atmosphäre wie in unterirdischen Katakomben (47, 4/5)	weltfremde, verstaubte Bildung/Erziehung
Fenster seit den Herbstferien zugemauert (47, 23)	...
...	

⇓

Schule als – auch räumliches – Zwangssystem

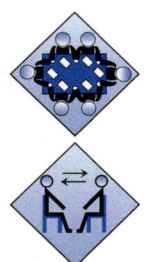

Der nächste Arbeitsauftrag nimmt auf Zusatzmaterial 2 Bezug, das als Kopie oder auf Folie präsentiert wird:

❏ *Sammeln Sie zunächst stichwortartig die rein äußerlichen Merkmale von Fassade und Grundriss des Friedrich Werder'schen Gymnasiums.*

❏ *Ordnen Sie in einem zweiten Schritt jedem Stichwort eine mögliche Funktion/ Bedeutung zu.*

❏ *Inwieweit entsprechen Innen- und Außenarchitektur dieses Gymnasiums dem, was Sie bisher über Unterricht und Lernen in der „alten" Schule erfahren haben? Beziehen Sie Textbelege ein.*

❏ *Übrigens: Was lässt sich zu Grundriss-/Funktion Ihres eigenen Schulgebäudes sagen?*

Fassade und Grundriss des Friedrich Werder'schen Gymnasiums

äußerliche Merkmale	mögliche Bedeutung
FASSADE	
– prunkvoll	– Ehrfurcht gebietend bzw. erhebend
– „klassischer" Baustil	– Hinweis auf klassische Bildung
– beeindruckende Größe	– keine Orientierung am Einzelnen/ggf. Angst erzeugend
– nach außen abgeschlossen (Zaun)	– Bildung als Privileg für einen kleinen Teil der Gesellschaft
– Symmetrie/Klarheit	– Rationalität
– Repräsentativbau	– Schule als mächtige Institution der Gesellschaft
…	…
GRUNDRISS	
– Symmetrie	– Schematismus
– alle Klassenzimmer einheitlich in Größe und Einrichtung	– keinerlei Individualität des Lehrens und Lernens
– jeder Raum ist frontal ausgerichtet	– Frontalunterricht/monotone Unterrichtsmethode
– Funktionalität	– reibungslose Abfertigung von Schülermengen
– sämtliche Räume dienen rein schulischen Aufgaben	– keinerlei Rückzugsmöglichkeiten, keine schülerorientierte Gebäudegestaltung
…	…

2.1.3 ☐ Schulbelastung

Die extreme Schulbelastung stellt einen der Hauptgründe für Moritz' Selbstmord dar; immer wieder bringt er das zum Ausdruck: 8, 33 und 9, 8/9 und 20, 24/25 und 25, 31/32 und 44, 33-35. Dass auch seine Mitschüler und Lehrer Moritz' Schulprobleme als (einen) Grund für seinen Tod ansehen, wird in III,2 deutlich (52, 32/33 und 54, 8/9).

In der Schuldichtung finden sich zahlreiche Beispiele für die hohe schulische Belastung, die – neben anderen Faktoren – zum Tode führen kann, vgl. z.B. Heinrich Lindner *(Freund Hein)*, Hanno Buddenbrook *(Buddenbrooks)*, indirekt Hans Giebenrath *(Unterm Rad)*, Kurt Gerber *(Der Schüler Gerber)*, um nur wenige zu nennen.

In Henschels Skizze (Zusatzmaterial 3, S. 87) wird diese Belastungssituation in einer äußerst romantischen Stimmung dargestellt – eigentlich ein wunderschönes Bild, wäre das Motiv nicht so erschreckend.

Exakt dieser Widerspruch findet sich in *Frühlings Erwachen* durchgängig, angefangen vom Titelbild der Erstausgabe (vgl. S. 5). Auch Moritz' Beschreibung seiner Erschöpfung nach durchlernter Nacht (Anfang II,1) verzichtet nicht auf den Hinweis „in den Fliederbüschen unter dem Fenster zwitscherten die Amseln so lebensfroh" (25, 15/16).

Dieser Gegensatz (in Baustein 4 werden andere Gegensätze aufgegriffen) kann mithilfe von Henschels Skizze visualisiert und thematisiert werden.

Zusätzlich könnten die schulischen wie existenziellen Belastungsfaktoren (für Moritz Stiefel) in einer Grafik zusammengestellt werden (vgl. S. 89).

Für den folgenden Arbeitsauftrag können Schellers Rollentexte (Zusatzmaterial 21, S. 104ff.) genutzt werden, welche die Lebenswirklichkeit der Figuren sehr anschaulich illustrieren und den Schülerinnen/Schülern die Einfühlung erleichtern. Andererseits kann der Einsatz dieses Zusatzmaterials die differenzierte Auseinandersetzung mit den entsprechenden Textstellen des Dramas nicht ersetzen.

☐ *Versetzen Sie sich in die (existenzielle) Situation von Moritz Stiefel.*
Verfassen Sie aus Moritz' Sicht einen (inneren) Monolog, der insbesondere das Problem der Schulbelastung akzentuiert. Beziehen Sie sich dabei vor allem auf Moritz' Äußerungen in den Szenen I,2, I,4, II,1 und II,5.
Sie können besonders geeignete Zitate aus dem Drama integrieren.

Der nächste Arbeitsauftrag bezieht sich auf Zusatzmaterial 3, S. 87.

☐ *Beschreiben Sie die Zeichnung „Bei den Schularbeiten eingeschlafen".*
Wie stellt Henschel die Situation dar? Welche Stimmung vermittelt das Bild?
☐ *Welche Vermutungen bezüglich des ausgedrückten Problems lassen sich aus der Existenz einer solchen Skizze ableiten?*
☐ *Würden Sie die Zeichnung als Umschlagillustration einer Ausgabe von* Frühlings Erwachen *benutzen? Was spräche dafür, was dagegen?*

2.1.4 ☐ Schülerselbstmorde

Aus dem in 2.1.3 thematisierten Aspekt „Schulbelastung" leitet sich – wie im Dramenverlauf an der Figur des Moritz Stiefel exemplifiziert – die Problematik des Schülerselbstmords ab.

Der *Simplicissimus* hat die Beziehung Schule – Tod mehrfach aufgegriffen (vgl. auch Klausurvorschlag 2, S. 11).

Die Karikatur *Abschiedsbrief* (Zusatzmaterial 4, S. 88) von 1906, dem Erscheinungsjahr von Hesses *Unterm Rad* sowie Musils *Die Verwirrungen des Zöglings Törless*, weist eine hohe inhaltliche Übereinstimmung mit Äußerungen aus Wedekinds Kindertragödie auf (vgl. z.B. die Kommentare an Moritz' Grab: Rentier

Stiefel 52, 7/8; Professor Knochenbruch 52, 16/17; Onkel Probst 52, 19-21; Freund Ziegenmelker 52, 23-25; Rektor Sonnenstich 52, 32/33. In die Gruppe dieser Verurteilungen gehören auch diejenigen von Herrn Gabor über Melchior in Szene III,3.

Erwähnenswert ist in diesem Zusammenhang, dass aufgrund des geschlossenen gesellschaftlichen Zwangssystems Jugendliche dazu tendieren (können), sich dem eindeutigen und klaren Urteil Erwachsener, den Repräsentanten der Gesellschaft, anzuschließen (vgl. den zweiten Teil von III,2, insb. 54, 8/9).

Zu einem tieferen Verständnis dieser Haltungen gelangen wir, wenn wir sie unter Einbezug sozialdarwinistischer Gedanken (vgl. Baustein 2.3.3) interpretieren und Schülerselbstmorde mit dem Prinzip „Wer zu schwach für den Marsch ist, bleibt am Wege" (56, 21) „erklären".

Mit der Thematik des Schülerselbstmords fließen autobiografische Elemente in das Drama ein, die von einem Referat über das Leben Wedekinds aufgegriffen werden sollten.

Ein Referat zum Thema „Schülerselbstmorde" könnte sich unter anderem auf das Sonderheft „Selbstmord" der Zeitschrift für Psychoanalytische Pädagogik von 1929 stützen.

Abschließend sei darauf hingewiesen, dass auch in unserer Zeit die Zahl der Schülerselbstmorde erschreckend hoch ist, weit übertroffen von Selbstmordversuchen Jugendlicher bei zudem sehr hoher Dunkelziffer.

❐ *Sammeln Sie die Gründe, die zu Moritz' Selbstmord geführt haben. Beziehen Sie sich auf die Szenen I,2, I,4, II,1, II,5 und insbesondere II,7.*
Ordnen Sie jeweils einen Textbeleg zu.

❐ *Inwieweit lassen sich die Gründe übergeordneten Kategorien zuweisen?*

❐ *Angenommen Moritz hätte sich in seiner Verzweiflung statt an Frau Gabor an Sie gewendet: Verfassen Sie einen Brief an Moritz, in dem Sie zu den oben erkannten Gründen Stellung nehmen. Berücksichtigen Sie dabei die damaligen gesellschaftlichen Bedingungen sowie den Dramenschluss.*

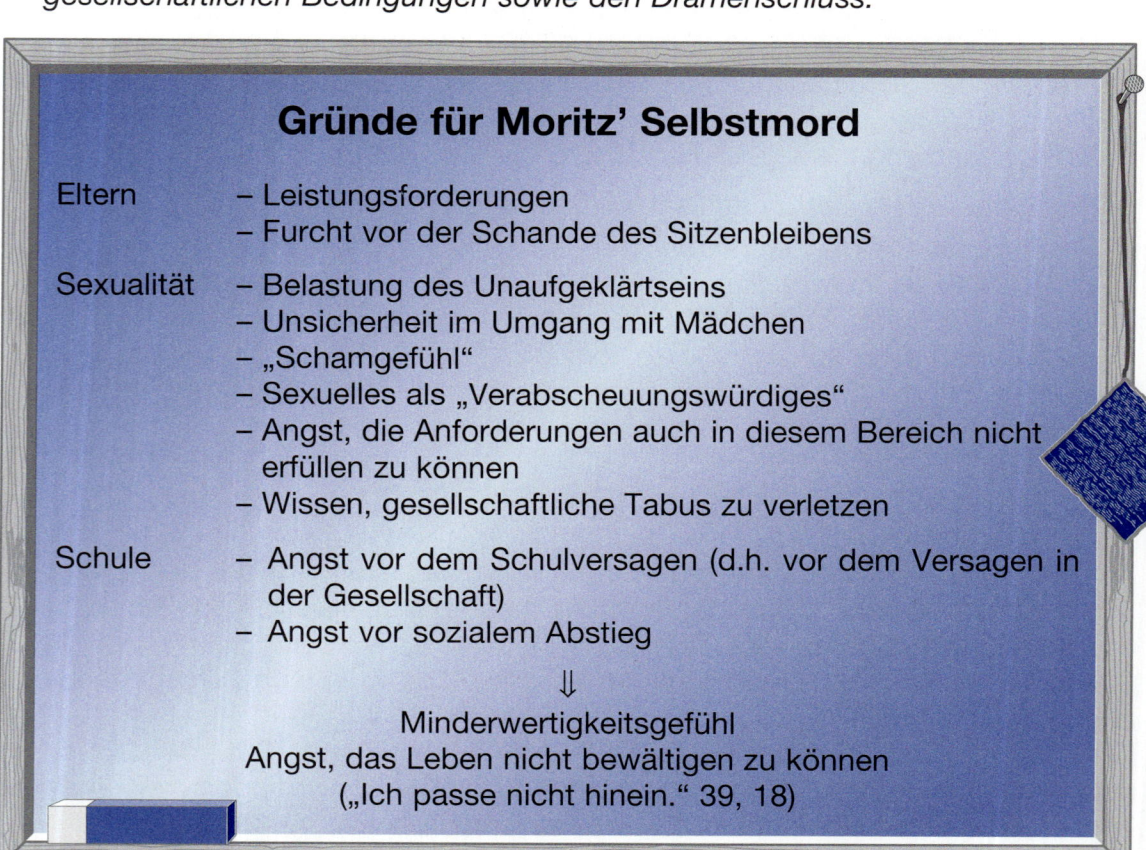

Gründe für Moritz' Selbstmord

Eltern	– Leistungsforderungen – Furcht vor der Schande des Sitzenbleibens
Sexualität	– Belastung des Unaufgeklärtseins – Unsicherheit im Umgang mit Mädchen – „Schamgefühl" – Sexuelles als „Verabscheuungswürdiges" – Angst, die Anforderungen auch in diesem Bereich nicht erfüllen zu können – Wissen, gesellschaftliche Tabus zu verletzen
Schule	– Angst vor dem Schulversagen (d.h. vor dem Versagen in der Gesellschaft) – Angst vor sozialem Abstieg

⇓

Minderwertigkeitsgefühl
Angst, das Leben nicht bewältigen zu können
(„Ich passe nicht hinein." 39, 18)

Der nachstehende Arbeitsauftrag bezieht sich auf Zusatzmaterial 4, das als Kopie oder auf Folie präsentiert wird.

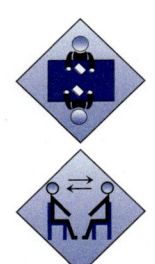

❏ *Im Schülerduden – Die Literatur (Dudenverlag, 2. Auflage, 1989) findet sich folgende Definition von „Karikatur": „die verzerrende, übertreibende, dazu oft überraschend-witzige Darstellung einer Person, Gruppe oder Sache. Die Karikatur dient häufig als gesellschaftliche oder politische Kritik. [...]"*
Was wird in der Karikatur „Abschiedsbrief" wie dargestellt?
Ist die Karikatur eindeutig?

❏ *Stellen Sie Vermutungen darüber an, wie diese Karikatur 1906 von Lesern des* Simplicissimus *aufgenommen worden sein mag.*

❏ *Kann* Frühlings Erwachen *als „karikaturistisch" bezeichnet werden? Begründen Sie Ihre Meinung.*

2.1.5 ❏ Schulangst

Der Aspekt „Schulangst" eignet sich gut für einen Brückenschlag in die Lebenssituation unserer Schülerinnen und Schüler.

Unter den Schulangst-Symptomen sind für Moritz Stiefel „psychisch bedingtes Unwohlsein" und „depressive Stimmungslagen" hervorzuheben (9, 6/7 und 25, 16/17 und II,7; insb. 41, 20-22). Moritz' Verfassung kann von Melancholie und Stolz, von Energie, Frustration, Unsicherheit, Glück, Träumereien, Lust und Verzweiflung geprägt sein. Ausschlaggebend dafür ist neben der sexuellen Unaufgeklärtheit (s. Baustein 3) vor allem die Belastung durch das schulische Zwangssystem:

• die ungeheure Menge des zu bewältigenden Lehrstoffs
• vollkommen lebensferne Lerninhalte
• mechanische, „eintrichternde" Lehrmethoden sowie Strafen
• permanente Prüfungen
• Mitschüler, die das System mittragen und reproduzieren
• eine den Zwang spiegelnde Schuleinrichtung
• den Leistungsdruck multiplizierende Eltern
• eine Kirche, die die gegebene Ordnung legitimiert
• eine Gesellschaft, die in jedem Lebensbereich unantastbare Rahmenbedingungen vorgibt
• ein das Leistungsdenken förderndes Gesamtverständnis der Institution Schule (vgl. auch Zusatzmaterial 6, S. 89).

Hier wird deutlich, dass die Schule keineswegs einen unabhängigen Bereich in der Existenz des jungen Menschen darstellt, neben dem zahlreiche andere Lebenskreise vollkommen unterschiedlicher Qualität bestehen. Eine solche befreiende Möglichkeit des selbst bestimmten „Wechsels der Welten" deutet erst der Vermummte Herr am Ende des Dramas dem lebenstüchtigen Melchior an. Für Moritz und viele seiner Mitschüler – wie gleichermaßen für Wendla und ihre Freundinnen – stellt sich die Lebenssituation ganz anders dar: Die Schule repräsentiert eine von vielen Instanzen des geschlossenen gesellschaftlichen Systems, wobei jede dieser Instanzen das System konsequent vertritt. Die Schule kann demzufolge als Gesellschaft im Kleinen betrachtet und analysiert werden, ein Grund für die Ausführlichkeit, mit der sich Baustein 2 dem Schul-Bild der Kindertragödie widmet.

Abschließend zwei methodische Möglichkeiten für die unterrichtliche Bearbeitung des Aspekts „Schulangst". Es könnte ein „Angst-Profil" für die Figur des Moritz Stiefel erstellt werden, in welchem vertikal die zehn von Winkler genannten Schülerängste (vgl. Zusatzmaterial 5, S. 88), horizontal unterschiedliche Ausprägungsgrade (z.B. „hoch", „mittel", „schwach") der spezifischen Angst konfigurieren. Selbstverständlich finden sich zahlreiche Textbelege:

• Schullaufbahnangst   20, 24/25
• Lern- und Leistungsangst   13, 30ff.
• Stigmatisierungsangst   25, 24ff.
• Trennungsangst   9, 14/15
• Strafangst   25, 31/32
• Personenangst   25, 6ff.
• Konfliktangst   26, 7ff.
• Institutionenangst   9, 9ff.
• Zukunftsangst   39, 18ff.
• neurotische Angst   ? (je nach Interpretation)

Winklers Ansatz verdeutlicht, dass Moritz in hohem Maße unter Schulangst leidet. Es ist offensichtlich, dass seine Lebensproblematik und sein Selbstmord hierin *eine* wesentliche Ursache haben. Diese Deutung wird gestützt durch seine Äußerung „Wenn ich nicht promoviert worden wäre, hätte ich mich erschossen." (20, 24/25, vgl. auch den Brief von Frau Gabor) Andererseits bildet die Schulangst nicht den einzigen Beweggrund für Moritz' Verzweiflung/Selbstmord. Seine sexuelle Unaufgeklärtheit/Gehemmtheit sind anzuführen (vgl. 29, 12ff. und II,7) sowie vor allem seine Unfähigkeit, neben den Anforderungen der Gesellschaft auch den eigenen Bedürfnissen nachzukommen, wie es Melchior oder Hänschen Rilow vermögen und wie es schließlich der Vermummte Herr nahe legt (vgl. III,7).

Da in *Frühlings Erwachen* – wie in anderen Texten der Schulliteratur – die Schule für die Gesellschaft und das Leben steht, kommt dem Phänomen „Schulangst" eine über seine eigentliche Sphäre hinausweisende Bedeutung zu.

Da „Schulangst" gleichermaßen ein aktuelles Problem aus der unmittelbaren Lebenswirklichkeit der Schülerinnen und Schüler darstellt, könnte die gegenwärtige Bedeutung des Aspekts in Form eines (Kurz-) Referats eingeleitet werden. Literatur dazu wird in keiner Bibliothek fehlen.

Zusatzmaterial 5 enthält die Textgrundlage für den nächsten Arbeitsauftrag.

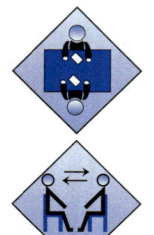

❏ *Beziehen Sie die von Winkler differenzierten zehn Schülerängste auf die Situation von Moritz Stiefel. Inwieweit kann Moritz' Problematik durch den Erklärungsansatz „Schulangst" erfasst werden?*

Die Erstellung eines Angstprofils lässt interpretativen Spielraum; es gibt nicht nur eine einzige Möglichkeit, vielmehr ist die Begründung der eigenen Variante entscheidend.

Moritz' Schulangst

Ängste	hoch	mittel	schwach	Textbelege
– Schullaufbahnangst	x			Sitzen bleiben (I,4)
– Lern- und Leistungs-bereitschaftsangst	x			Hausaufgaben- und Lernmenge (I,2)
– Stigmatisierungs-angst		x		Zungenschlag (II,1)
– Trennungsangst			x	Altona (I,2), Amerika (II,5)
– Strafangst	x			Eltern (II,1)
– Personenangst			x	Ernst Röbel (II,1)
– Konfliktangst		x		kein besonders hoher bzw. schwacher Wert
– Institutionenangst	x			Schulverständnis (I,2)
– Zukunftsangst	x			„Legitimation" des Selbstmords (II,7)
– neurotische Angst			x	ausschl. konkret benennbare Ängste

2.2 ☐ *Frühlings Erwachen* als Beispiel der Schulliteratur

2.2.1 ☐ Die Schule in der Literatur

Der Text von Karl Ernst Maier (Textausgabe, S. 81f.) kann dazu beitragen, *Frühlings Erwachen* in eine spezifische literarische Motivgruppe einzuordnen, in der wir viele weitere faszinierende und aus didaktischer Sicht ansprechende Texte finden (vgl. u. a. Leseempfehlungen, S. 108).

Die gründliche Lektüre ist für die Kontextuierung unserer Kindertragödie besonders wichtig; daher wird die Einzelarbeit vorgeschlagen, deren Ergebnisse im anschließenden Unterrichtsgespräch abgeglichen und gebündelt werden. Der Bezug der maierschen Kriterien zu *Frühlings Erwachen* ist unverkennbar, jedoch sollte darauf Wert gelegt werden, beide Texte sorgfältig zu analysieren.

Eine Auswahl der für *Frühlings Erwachen* entscheidenden Kriterien von Maier findet sich in der Tafelskizze. Im Unterrichtsgespräch sollte eine fundierte Begründung dieser bzw. einer anderen Auswahl sowie eine Stützung durch entsprechende Textbelege erfolgen.

Es wäre möglich, dass zu diesem Zeitpunkt schon ein weiterer Text der Schuldichtung in einem Kurzreferat präsentiert und anhand der Kriterien analysiert wird. So können die Lernenden erkennen, dass *Frühlings Erwachen* in einer eindeutigen literarischen Tradition steht. Das Arbeitsblatt 3, S. 30 (Schulliteratur-Synopse) kann bereits hier verwendet werden.

Falls die Schülerinnen und Schüler mehrere Beispiele der Schulliteratur kennen, kann selbstverständlich untersucht werden, welche besonderen inhaltlichen wie formalen Elemente *Frühlings Erwachen* im Bereich dieser Textgruppe charakterisieren und ggf. ob das Drama auch für die Schuldichtung Untypisches enthält. Ein weiteres Referat könnte das Buch von Karl Ernst Maier *Die Schule in der Literatur* vorstellen. Die Referenten könnten im weiteren Verlauf der Reihe wertvolle Hinweise beisteuern.

❑ *Lesen Sie den Text von Karl Ernst Maier* Die Schule in der Literatur *(Textausgabe, S. 81f.) zunächst ganz.*

❑ *Gehen Sie nun der Fragestellung nach, wie die Schule (nach Maier) in der „Schuldichtung" dargestellt wird: Unterstreichen Sie die wesentlichen Merkmale.*

❑ *Inwieweit kann* Frühlings Erwachen *als Beispiel der „Schuldichtung" (im Sinne Maiers) bezeichnet werden?*

❑ *Begründen Sie Ihre Position dadurch, dass Sie den Merkmalen der „Schuldichtung" je ein Stichwort zu* Frühlings Erwachen *und einen Textbeleg daraus zuordnen.*

Die Ergebnisse können in folgender Tafelskizze zusammengefasst werden:

Frühlings Erwachen – ein typischer Text der Schuldichtung?

Maier – Die Schule in der Literatur	Frühlings Erwachen
keine Berücksichtigung individueller Besonderheiten	48,11 39,18 54,8 59,33
Solidarisierung mit dem jugendlichen Einzelgänger	72,23
Zwänge eines schematischen Erziehungsbetriebes; festgelegte Leistungs-/Verhaltensnorm	III,1 9,6 20,11 46,27
Schule = feindlicher Ort/Stätte existenzieller Bedrohung	9,6 27,24 III,1 ...
leidender Held	II,7 71,14
anfällige, sensible, einsame junge Menschen	39,18 71,10 67,9
Pädagogen = Repräsentanten der Erwachsenengeneration/Gesellschaft; Unverstand der Lehrer	III,1 52,10 20,37
Schüler werden in den Tod gehetzt	II,7 III,2 61,28 27,34
Schüler = z.T. aufbegehrend, mit ihren Mitteln sich widersetzend	50,31 60,14 22,39 19,33

⇓

Frühlings Erwachen – ein typischer Text der Schuldichtung!

2.2.2 ▢ Schulliteratur-Synopse

Das Arbeitsblatt „Schulliteratur-Synopse" (s. Arbeitsblatt 3, S. 30) dient dazu, ausgehend von einheitlichen Kriterien (die Maiers Darstellung, Textausgabe, S. 81f., entnommen wurden) Texte zum Motiv „Schule" einander gegenüberzustellen.
Diese Synopse kann durch weitere Spalten ergänzt werden.
Die Vergleichstexte können jeweils in Partner- oder Gruppenarbeit vorbereitet und mittels der maierschen Kriterien präsentiert werden.
Pro Kästchen sollte ein Textverweis (z.B. „S. 1/Z. 1" oder „1,1") sowie eine inhaltlich relevante Notiz angegeben werden.
Spalte 1 (Maier) sowie jeweils eine Vergleichsspalte lassen sich als OHP-Folienstücke nutzen.

Schul-Bilder

Die vier Grafiken (Zusatzmaterialien 6–9, S. 89–92) skizzieren „Schul-Bilder" für den/die Protagonisten in

- *Frühlings Erwachen* (Seitenzahlen: Schöningh-Ausgabe)
- *Buddenbrooks* – Schulepisode (Seitenzahlen: Klett)
- *Unterm Rad* (Seitenzahlen: Suhrkamp)
- *Der Schüler Gerber* (Seitenzahlen: dtv).

Für die drei Prosatexte ist wörtliche Rede durch Anführungszeichen markiert.
Oft hätten andere bzw. weitere Belege genannt werden können.

Mit der Grafik auf Arbeitsblatt 15 (S. 77) können die Schülerinnen und Schüler selbst Textbelege auswählen, die ihnen besonders wichtig sind.
Sinnvoll ist es, dass die Lernenden die Grafik gleichfalls für eine Reflexion ihres eigenen Schul-Bildes nutzen (s. auch die entsprechenden Fragen des Arbeitsblattes 14, S. 76).
Darüber hinaus bieten sich Vergleichsmöglichkeiten an:

- literarischer Text ↔ weiterer literarischer Text
- literarischer Text ↔ eigenes Schul-Bild
- eigenes Schul-Bild ↔ Schul-Bilder der Mitschüler und Mitschülerinnen

Auch nach 1891 hat sich die Literatur dem Thema „Schule" gewidmet – bis in die Gegenwart. Die Leseempfehlungen (s. Seite 108) präsentieren eine kleine Auswahl und verstehen sich als Anregungen, z.B. für Referate (Einzel-, Partner- oder Gruppenreferate), in denen der jeweilige (Gesamt-) Text
- vorgestellt wird
- nach bestimmten Kriterien analysiert wird (vgl. Arbeitsblatt 3, S. 30 und 15, S. 77)
- mit *Frühlings Erwachen* verglichen wird
- auf seine historischen sowie literaturgeschichtlichen Implikationen hin befragt wird
- in seiner aktuellen Bedeutung diskutiert wird

…

Die Empfehlungen stellen ein Angebot dar, das je nach reihenspezifischen und zeitlichen Bedingungen flexibel genutzt werden kann, auch für Klausuren/Klassenarbeiten.

Schulliteratur-Synopse

Ordnen Sie den von Maier (in: Die Schule in der Literatur) genannten Merkmalen für jeden Vergleichstext je ein Stichwort sowie einen Textbeleg zu.

Maier – Die Schule in der Literatur	Frühlings Erwachen	Vgl. z.B. Schulepisode		Vgl. z.B. Unterm Rad	Vgl. z.B. Der Schüler Gerber
Bloßstellung des Erziehungs- und Gesellschaftssystems					
festgelegte Leistungs- und Verhaltensnorm					
keine Berücksichtigung individueller Besonderheiten der Schüler					
Solidarisierung mit dem jugendlichen Außenseiter/Einzelgänger					
Unverstand der Lehrer					
Zwänge eines schematischen Erziehungsbetriebes					
Schule-=-feindlicher-Ort/Stätte existenzieller Bedrohung/Gefährdung					
leidender Held					
anfällige, sensible, einsame junge Menschen					
Pädagogen-=-Repräsentanten der Erwachsenengeneration/Gesellschaft					
Schüler werden in den Tod gehetzt					
Schüler = z.T. aufbegehrend, mit ihren Mitteln sich widersetzend					

2.3 ☐ Zeitgeschichtliche Rahmenbedingungen

2.3.1 ☐ Die gute alte Zeit

Die Lektüre des Textes *Die gute alte Zeit* (Textausgabe, S. 78ff.) ist für das Verständnis der geschichtlichen Rahmenbedingungen der Kindertragödie von Bedeutung. Der Vergleich der beiden Texte zeigt, dass Wedekind keine konkreteren Angaben über diese Bedingungen macht. Das Drama spiegelt den Stolz des Bürgertums (bereits in I,3 wird z.B. Wendla als „stolz" bezeichnet), auch einige Gymnasiasten stehen ihrer Zukunft sehr zuversichtlich gegenüber (vgl. III,6). Im Kontrast dazu wird die miserable Situation der unteren Schichten nur angedeutet (vgl. I,5: schmutzige Kinder, kranke Frauen, unsaubere Wohnungen, hasserfüllte Männer etc.; 23, 17ff.: Wendlas Traum vom Leben eines Bettelkindes). Vor diesem Hintergrund wird verständlich, warum der Lebensstandard des Bürgertums ein äußerst erstrebenswertes Ziel darstellt und warum das Bürgertum selbst alles daran setzt, der gegenwärtigen wie der nachfolgenden Generation diesen Standard zu erhalten. Bildung, Schul- und ggf. Hochschulabschluss der Kinder sind die Voraussetzungen dafür, insbesondere jedoch ein Akzeptieren der bzw. ein Sich-Bewähren in der gesellschaftlichen Ordnung.

Hier zeigt sich ein weiterer von den für *Frühlings Erwachen* typischen Gegensätzen: Bezogen auf die Informationen des Textes *Die gute alte Zeit* ist das Drama in einer abgelegenen, rückständigen Idylle angesiedelt, es gibt keinerlei Zeitangaben oder Ortsnamen (bis auf wenig aufschlussreiche Stellen 14, 25 und 62, 21), die Schauplätze scheinen nicht selten überaus malerisch. In diesem Ambiente jedoch tobt ein innerer wie äußerer Kampf um gesellschaftliche Anerkennung.

In beiden Texten wird deutlich: auch „Die gute alte Zeit" hatte ihre Schattenseiten.

Wichtig ist es, in diesem Zusammenhang auf die Figur Ilse (II,7) hinzuweisen. Ilse steht außerhalb der bürgerlichen Gesellschaft, geht nicht mehr zur Schule, sondern arbeitet als (Akt-)„Modell", lebt in Künstlerkreisen und wird von Moritz als „Freudenmädchen" (45, 21/22) bezeichnet. Die Zweideutigkeit dieses Begriffs ist durchaus passend, nicht nur im Kontext von Moritz' Äußerung. In Distanz zur Gesellschaft stehend kann Ilse als die ausgeglichenste und lebensfrohste jugendliche Figur bezeichnet werden. Ihre Nähe zu Wendla, Melchior und Moritz (II,7) sowie zu Martha (III,2) und ihre Beziehung zum Vermummten Herrn (74, 17-19) deuten auf ihre exponierte Stellung im Drama. Ilse zeigt, dass eine Distanzierung von der bürgerlichen Gesellschaft und ihren Tabus möglich ist, woraus sowohl Gefahren als auch Ausgeglichenheit und Lebensfreude resultieren können. So werden bereits in II,7 Alternativen zum geregelten gesellschaftlichen Leben angedeutet.

Die Schülerinnen und Schüler werden erkennen, dass es Wedekind nicht um ein Zeit-Bild ging, sondern vielmehr um existenzielle Fragen (vgl. Dramenschluss).

☐ *Analysieren Sie* Frühlings Erwachen *daraufhin, inwieweit es dem in* Die gute alte Zeit *(Textausgabe, S. 78ff.) entfalteten Bild entspricht.*

☐ *Welche weiteren historischen (politischen, kulturellen, sozialen etc.) Bedingungen spiegelt das Drama? Nennen Sie Beispiele, auch in ihrer (un-) mittelbaren Konkretisation durch die Kindertragödie.*

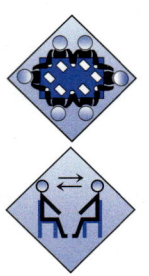

Frühlings Erwachen – Spiegel des zeitgeschichtlichen Kontexts?

Zeitbild (auf der Grundlage des Textes *Die gute alte Zeit*)	Hinweise in *Frühlings Erwachen*
	– kein Hinweis
– Warenherstellung/Handel/Industrie	– kein Hinweis
– Transport von Gütern und Menschen	– kein Hinweis
– Wissenschaftliche und technische Neuheiten	– kein Hinweis
– schneller Wandel in allen Lebensbereichen	– kein Hinweis
– Landflucht	– [Moritz: Überfahrt nach Amerika (II,5), Melchior: Flucht nach England (III,3)]
– Auswanderung (in die USA)	– Gespräch Melchior-Wendla (I,5), Ilses Mutter (II,7)
– Not des Alltags/miserable Lebensbedingungen der Proletarier	– Wendlas Traum (I,5)
– Kinderarbeit	– kein Hinweis
– schlechte Arbeitsbedingungen	– Streben der Jungen nach einem Schulabschluss; faktische Übernahme von Kleidungs- und Moralvorstellungen
– Lebensweise des Bürgertums als Vorbild (Kleidung, Moral, Bildung, Aufstiegswille etc.)	– z.B. Hänschen Rilow (II,3, III,6)
– angenehmes Leben des Bürgertums	– von sämtlichen Repräsentanten der Gesellschaft nicht hinterfragt (Ausnahme: Knüppeldick)
– scheinbar dauerhafte Ordnung	

⇓

Frühlings Erwachen spiegelt den zeitgeschichtlichen Kontext nur andeutungsweise!

2.3.2 ❐ Die alte Schule

Die inhaltliche Übereinstimmung der Karikatur (Textausgabe S. 80) mit *Frühlings Erwachen* reicht erstaunlich weit. Es wäre sicherlich falsch, das Drama als einen Kampf zwischen Natur und Gesellschaft interpretieren zu wollen; trotzdem fließt dieser Gegensatz in die Kindertragödie ein. In I,2 äußert Moritz relativ ausführlich seine Erziehungsvorstellungen. Wendlas Bemerkung 8, 12-14, die Einleitung von I,3 und Marthas Gedanken 16, 26-30, Szene I,5, II,4 und III,6 zeigen die (Sehnsucht nach der) Natur im positivsten Sinne. Im Kontrast dazu stehen das Konferenzzimmer mit einem zugemauerten Fenster und die Debatte über das Öffnen bzw. Nicht-Öffnen des anderen Fensters. Auch die Andeutung über die zu vergitternden Fenster der Korrektionsanstalt spielen hier eine Rolle.
Der Gegensatz zwischen Handlungs- und Bedeutungsebene, der uns im weiteren Verlauf der Analyse noch ausführlicher beschäftigen wird, taucht ganz deut-

lich auf, wenn Knüppeldick äußert: „Ich kann mich nicht länger der Überzeugung verschließen, dass es endlich an der Zeit wäre, irgendwo ein Fenster zu öffnen" (47, 1-3). Wofür die „gefährliche" „frische Luft" steht, wird am (mit *Frühlings Erwachen* zeitgleich entstehenden) Phänomen der Jugendbewegung klar (vgl. Zusatzmaterial 17, S. 100). In der Jugendbewegung – oder besser: den Jugendbewegungen – wird ein Zusammenhang sinnverwandter Ideen deutlich, die eine hohe interpretative Kraft für das Drama besitzen.

Der Exkurs zur Jugendbewegung kann über ein Referat eingeleitet werden.

❐ *In* Frühlings Erwachen *treffen unterschiedliche pädagogische Vorstellungen aufeinander. Verdeutlichen Sie sich die konservativ-gesellschaftskonformen sowie die alternativ-nonkonformen Positionen (ggf. arbeitsteilig/nach dem Personenverzeichnis).*

❐ *Inwieweit findet ein Austausch dieser Vorstellungen statt?*

❐ *Welche Konsequenzen ergeben sich aus der Konfrontation dieser Positionen für den Dramenausgang?*

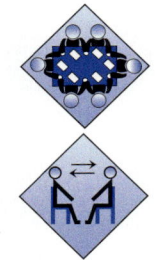

Erziehungsvorstellungen in *Frühlings Erwachen*

alternativ-nonkonforme Erziehungsvorstellungen	konservativ-gesellschaftskonforme Erziehungsvorstellungen
– Moritz: Kinder sollen in einem Bett schlafen, sich beim An- und Ausziehen helfen; einfache Kleidung der Kinder; körperliche Anstrengung durch Spiele und Arbeit; Kinder sollen nicht so weich schlafen (I,2)	– Marthas Eltern: Schläge, Einsperren, im Sack schlafen lassen (I,3)
– Martha: Kinder sollen wie Unkraut aufwachsen, um das sich niemand kümmert (I,3)	– Thea: Kleidung der Kinder, Marschieren (I,3)
[– der Vermummte Herr: „Ich führe dich unter Menschen. Ich gebe dir Gelegenheit deinen Horizont in der fabelhaftesten Weise zu erweitern. Ich mache dich ausnahmslos mit allem bekannt, was die Welt Interessantes bietet." (III,7)]	– Knochenbruch/Hungergurt: gute Schüler haben sich nicht mit schlechten abzugeben (I,4)
	– Sonnenstich: Nachsitzen lassen, Schulverweis erteilen, Gymnasiasten an ihre soziale Stellung fesseln (II,1, III,1)
	– Frau Gabor: keine Lektüre von nicht jugendfreier Literatur (II,1)
	– Frau Bergmann: keine bzw. falsche sexuelle Aufklärung (II,2)
	– Onanie führt zu Rückenmarksschwund und anderen Krankheiten (II,3)
	– Herr Gabor: von sozialdarwinistischen Gedanken geprägte Erziehung (III,3)
	– Dr. Prokrustes: Einsperren der „Entartung" (III,4)
	– Frau Bergmann: Vorbild ist die eigene Erziehung, Vertrauen auf Gott (III,5)

Es schließt sich folgender Erarbeitungsschritt an:

❏ *Beschreiben Sie die Karikatur* Die alte Schule *(Textausgabe, S. 80) so exakt wie möglich.*

❏ *Beleuchten Sie, aus welchen Gründen die alte Schule „frischer Luft" derart feindselig entgegentrat. Beziehen Sie auch Textstellen aus I,2 bzw. III,1 (und ggf. Informationen zur Jugendbewegung) mit ein.*

2.3.3 ❏ Sozialdarwinismus

Auch wer den Wörterbuchartikel zum Sozialdarwinismus (s. Zusatzmaterial 10, S. 93) nicht im Unterricht einsetzen möchte, kann das Phänomen, um das es geht, für eine Interpretation von *Frühlings Erwachen* nicht ignorieren. Zu sehr zeigen die Figuren entsprechende Verhaltensweisen bzw. äußern sich zu diesem Problem. Dies zeigt die nachstehende Übersicht, wobei nur eine Auswahl von möglichen Textstellen präsentiert wird.

Sozialdarwinistische Gedanken in *Frühlings Erwachen*

MORITZ:	Sieben müssen ja durchfallen, schon weil das Klassenzimmer oben nur sechzig fasst. (9)
MORITZ:	Während des ersten Quartals soll es sich dann herausstellen, wer dem andern Platz zu machen hat. (20)
OTTO:	Ich wette fünf Mark, dass du Platz machst. (20)
OTTO:	Hätte er die griechische Literaturgeschichte gelernt, er hätte sich nicht zu erhängen brauchen! (54)
MELCHIOR:	Ich will nichts, was ich mir nicht habe erkämpfen müssen! (29)
MELCHIOR:	[...] es gibt keine Liebe! – Alles Eigennutz, alles Egoismus! (37)
HERR GABOR:	Wer zu schwach für den Marsch ist, bleibt am Wege. (56)
HÄNSCHEN:	Ich habe meinen Kopf nun schon aus so mancher Schlinge gezogen … (66)
ERNST:	Schöpfen wir ab! (66)
DER VER-MUMMTE HERR:	Unter Moral verstehe ich das reelle Produkt zweier imaginärer Größen. Die imaginären Größen sind *Sollen* und *Wollen*. (73)

Die Feststellung von Moritz (9, 11-13), die in ähnlich lautender Formulierung von Robert nochmals wiederholt wird (20, 11-13), eröffnet eine wesentliche Handlungslinie des Dramas und zeigt überdies, wie selbstverständlich die jugendlichen Figuren die Auslesemechanismen der Schule (d.h. der Gesellschaft) akzeptieren. Die Repräsentanten der Gesellschaft formulieren die herrschenden Gesetzmäßigkeiten; Herr Gabor (Jurist) bringt sie besonders abschreckend auf den Punkt: „Wer zu schwach für den Marsch ist, bleibt am Wege." (56, 21) – auch wenn es sich dabei um seinen eigenen Sohn handelt; Gesetze (vielleicht sogar „Naturgesetze"!) machen eben keine Ausnahmen.

Dass Gesetze nicht zu umgehen sind, scheint auch Moritz zunächst hinnehmen zu wollen; er versucht, sich auf den Lebens-Kampf einzulassen: „Ich will arbeiten und arbeiten, bis mir die Augen zum Kopf herausplatzen." (25, 23/24) Als er mit seinem Versuch scheitert, entschließt er sich zum scheinbar einzigen Ausweg. Erst der Vermummte Herr zeigt eine echte (?) Alternative.

An Ottos Äußerungen erkennen wir, wie „perfekt" der Gesellschaft die Sozialisation ihrer Gymnasiasten „gelungen" ist.

Zunächst baut nur Melchior eine reflexive Distanz zu den scheinbaren Selbstver-ständlichkeiten seiner Lebenswirklichkeit auf, was bereits in I,5 klar wird. Er be-gleitet seine Gedanken zur Opferfreudigkeit mit den Worten „was mir nun seit einem Monat keine Ruhe mehr lässt" (22, 34/35) und ist bereit, konkrete Konse-quenzen aus seinen Überlegungen und Einsichten zu ziehen.

In der Weinbergszene (III,6) erfahren wir, dass auch Hänschen und Ernst begin-nen, die Doppelbödigkeit gesellschaftlichen Lebens zu durchschauen und ihre Erkenntnisse zum eigenen Vorteil zu nutzen.

Damit wird auf eine Tatsache hingewiesen, die zentral für das Verständnis der Schuldichtung ist: Trotz eines noch so belastenden Zwangssystems haben die meisten Schüler Strategien entwickelt, ihre Schulzeit mehr oder weniger heil zu überstehen – eine beruhigende Bilanz, die durch *Frühlings Erwachen* bestätigt wird; solange es allerdings in der Schule lediglich ums Überleben geht, bleibt ihr pädagogischer Anspruch bei Null.

Der Vermummte Herr deutet schließlich die Möglichkeit an, den (Über-) Lebens-Kampf glanzvoll zu meistern.

Der Interpretationsansatz „Sozialdarwinismus" kann über ein Kurzreferat einge-leitet werden.

❐ *Lesen Sie die Szenen I,4, III,2 und III,6 unter der Fragestellung, welche Haltun-gen die Jugendlichen zu Moritz' Schicksal bzw. zur Gesellschaft/zum Leben einnehmen.*

❐ *Beschreiben Sie diese Haltung(en) in wenigen Sätzen.*

❐ *Welche Ursachen können Sie für diese Haltung(en) erkennen? Beziehen Sie Textbelege ein.*

Der nächste Arbeitsauftrag nimmt Bezug auf Zusatzmaterial 10 (S. 93).

❐ *Arbeiten Sie aus dem Wörterbuchartikel die zentralen Merkmale des Sozialdar-winismus heraus.*

❐ *Betrachten Sie jedes Merkmal daraufhin, inwieweit sich Anzeichen für den ent-sprechenden sozialdarwinistischen Aspekt in* Frühlings Erwachen *finden.*

❐ *In welchem Maße zeigen die einzelnen Figuren Haltungen/Verhaltensweisen, die sich durch den Gedanken des Sozialdarwinismus interpretieren lassen?*

Sozialdarwinistische Haltungen in *Frühlings Erwachen*

Moritz:	akzeptiert (zunächst) das schulische Selektionsprinzip (Seite 9 und 20)
Otto:	schließt über den „Kampf" zwischen Moritz und Ernst eine Wette ab (20); akzeptiert den Zusammenhang zwi-schen Leistungsversagen und Selbstmord (54)
Melchior:	will kämpfen (29); erkennt den menschlichen Egoismus (37)
Herr Gabor:	formuliert sozialdarwinistische Gedanken ganz direkt (56)
Hänschen:	erkennt und praktiziert die gesellschaftliche Doppel-moral (66)
Ernst:	will „abschöpfen" (66); gewinnt den „Kampf" mit Moritz
Der Vermummte Herr:	seine Moraldefinition erleichtert den „Lebens-Kampf" (73)

2.4 ☐ Aktuelle Bedeutung

2.4.1 ☐ „Was haben wir heute gelernt?"

Die Beleuchtung der aktuellen Bedeutung des hinter *Frühlings Erwachen* stehenden Schul-Bildes eröffnet dem Unterricht spannende Möglichkeiten.

Um den Schülerinnen und Schülern möglichst große Freiräume in diesem inhaltlichen Bereich zu lassen, sollten die Vorgaben auf das Nötigste begrenzt werden. Die Dowd-Karikatur (s. Zusatzmaterial 11, S. 93) kann als „stummer Impuls" das Thema einleiten. Sie stammt aus dem Jahre 1929: Die Reformpädagogische Bewegung stand bereits kurz vor ihrem Ende und Friedrich Torberg, der ein Jahr zuvor die wiederholte Matura knapp bestanden hatte, schreibt seinen Roman *Der Schüler Gerber hat absolviert*.

Dowd trifft jedoch nicht nur die Schulsituation, wie sie in *Frühlings Erwachen* oder im *Schüler Gerber* dargestellt wurde; besteht die Problematik nicht für die heutige Schule gleichermaßen?!

Wie weit ist die „alte" von der „neuen" Schule entfernt? Existiert überhaupt eine „neue" Schule? Welche Bedeutung ergibt sich für die Rezeption und Relevanz von *Frühlings Erwachen*?

Die Tafelskizze stellt im Drama genannte schulische Lerninhalte existenziellen Problemen der Hauptfiguren gegenüber. Interessant wäre eine vergleichende Diagnose für heutige Schülerinnen und Schüler!

Vor Verwendung des folgenden Arbeitsauftrages sollte die Jahreszahl der Zeichnung aus Zusatzmaterial 11 entfernt werden.

☐ *Aus welcher Zeit stammt die Zeichnung „Was haben wir heute gelernt?" Ihrer Meinung nach? Inwieweit kann sie die „alte", inwieweit die gegenwärtige Unterrichtssituation charakterisieren? Welche Schlüsse ziehen Sie aus Ihren Überlegungen?*

Nicht für das Leben, sondern für die Schule lernen wir!

schulische Lerninhalte	existenzielle Probleme
Zentralamerika (Seite 9)	Pubertät
Ludwig der Fünfzehnte (9)	sexuelle Aufklärung
Sechzig Verse Homer (9)	Konflikte mit Eltern
Sieben Gleichungen (9)	Schule
der lateinische Aufsatz (9)	gesellschaftliche Forderungen
„Wohl dem, der nicht wandelt" (15)	Liebesbeziehung
Verba auf $\mu\iota$ (25)	Sexualität
Mittelhochdeutsch (27)	religiöse Orientierung
Sassaniden (44)	Lebensentwurf
Bergpredigt (44)	…
Parallelepipedon (44)	
griechische Literaturgeschichte (54)	
Demokrit (54)	
Vergil (54)	

⇓

Orientierungslosigkeit

„Möchte doch wissen, wozu wir eigentlich auf der Welt sind!" (9, 6/7)

❑ *In* Frühlings Erwachen *werden zahlreiche schulische Lerninhalte genannt. Sammeln Sie diese. Daneben thematisiert das Drama eine ganze Reihe von Lebensproblemen Jugendlicher. Tragen Sie auch diese zusammen und stellen Sie sie den schulischen Lerninhalten gegenüber.*

❑ *Welche Konsequenzen lassen sich aus Ihrer Gegenüberstellung ziehen?*

❑ *Inwieweit finden sich solche Konsequenzen in der Kindertragödie selbst? Nennen Sie Textbelege.*

❑ *Wie sähe eine Gegenüberstellung von schulischen Lerninhalten und Lebensproblemen Jugendlicher heute aus?*

2.4.2 ❑ 100 Jahre Schule

Der mit der Dowd-Karikatur eingeleitete Ansatz kann nun fortgeführt werden. Das möglichst freie Unterrichtsgespräch sollte methodisch im Mittelpunkt stehen. Dabei kann die zu interpretierende Kindertragödie so konkret und so eng wie möglich auf die individuelle Rezipientin oder den individuellen Rezipienten bezogen werden. Auf der einen Seite stehen zitierbare Textstellen aus einem inhaltlichen Bereich des Dramas (Schul-Bild), auf der anderen Seite reale Schul- und Lebenserfahrungen der Lernenden. Nur über diesen Bezug kann ein wirkliches Textverständnis erzielt werden, das über einen reinen Konsum von Literatur hinausreicht. Inwieweit die angebotenen Zusatzmaterialien 12 und 13 (S. 94) einbezogen werden sollen bzw. aus zeitlichen Gründen noch genutzt werden können, müssen die situativen Bedingungen zeigen. Es bietet sich die Möglichkeit eines (Kurz-) Referats an.

❑ *Führen Sie im Kurs ein Gespräch darüber, inwieweit sich Ihrer Meinung nach die Schule in den letzten einhundert Jahren verändert hat.*
Beziehen Sie Textstellen aus Frühlings Erwachen *bzw. Zitate aus den Materialien im Anhang der Ausgabe sowie eigene Schulerfahrungen ein.*

Der im folgenden Arbeitsauftrag vorgeschlagenen Diskussion kann Zusatzmaterial 12 als weitere fachliche Grundlage dienen. Zusatzmaterial 13 wurde bereits in die Formulierung des Auftrages integriert.

❑ *Diskutieren Sie vor dem Hintergrund von* Frühlings Erwachen *die These, dass „das tradierte staatliche Schulsystem mit seinen Strukturen und Merkmalen bis heute nicht grundsätzlich verändert worden ist" (aus:* Wörterbuch zur Pädagogik, *dtv 1995, S. 292).*
Bilden Sie dazu zwei Gruppen: Vertreter – Kritiker der These.
Bereiten Sie sich gut auf die Diskussion vor.
Suchen Sie Argumente in Frühlings Erwachen *sowie in den bisher erarbeiteten Materialien.*

2.4.3 ❑ Die vernichtende Kritik an der „alten" Schule

Der pädagogische Text von Wolfgang Scheibe (Zusatzmaterial 14, S. 95) kann das Verständnis von *Frühlings Erwachen* deutlich vertiefen, nennt sogar explizit die Kindertragödie und weitere Beispiele der Schuldichtung. Wer den Text als zu umfangreich erachtet, kann seinen Inhalt durch arbeitsteilige Gruppenarbeit oder über ein Referat aufbereiten lassen. Auf diesem Wege kann problemlos eine Fokussierung auf das Schul-Bild des Dramas vorgenommen werden; so fließen wertvolle Informationen in den Unterricht ein. Eine auf *Frühlings Erwachen* bezogene Auswahl von Scheibes Kritikpunkten an der „alten" Schule bietet zudem das Arbeitsblatt 4 (S. 39). Zahlreiche Textbelege lassen sich zuordnen (in der Reihenfolge des Arbeitsblattes: 47,4; 19,9; 8,33; 8,28; 47,1; 13,31; 50,10; 25,33; 20,37; 25,24; 9,9; 48,18). Es bleibt sichergestellt – und das gilt für den gesamten Baustein –, dass mit *Frühlings Erwachen* gearbeitet wird, dass das Drama andererseits nicht isoliert bleibt, sondern innerhalb seiner historischen Rahmenbedingungen und im Hinblick auf unsere aktuelle Situation interpretiert und verstanden wird. Scheibes Darstellung kann dazu beitragen, die Historizität wie Aktualität des in der Kindertragödie entfalteten Schul-Bildes auszuloten.

Wedekind zeigt mit *Frühlings Erwachen* ein außerordentliches Interesse an pädagogischen Fragestellungen: Er lässt seine Figuren nicht nur im Konfliktfeld der existenziellen Probleme Jugendlicher agieren, an zahlreichen Stellen äußern sie sich explizit zu Erziehungsfragen – dies macht die Kindertragödie auch nach einem Jahrhundert noch diskussionswürdig.

Alternativen für den folgenden Arbeitsauftrag (Zusatzmaterial 14):
- Gruppen lesen arbeitsteilig je einen der Abschnitte 1-6. Anschließend werden Hauptkritikpunkte im Kurs gesammelt.
- Der Text wird durch ein Kursmitglied referiert.
- Es wird unmittelbar das Arbeitsblatt 4 eingesetzt.

❐ *Lesen Sie den Text von Wolfgang Scheibe.*
❐ *Markieren Sie in einem zweiten Lesedurchgang die wesentlichen Kritikpunkte der Reformpädagogen an der „alten" Schule.*
❐ *Auf welche dieser Kritikpunkte deutet Wedekind durch* Frühlings Erwachen *bereits 1891 hin? Nennen Sie ggf. je einen Textbeleg.*

❐ *Welche Konsequenzen lassen sich für den Zusammenhang von Literatur und Pädagogik ziehen?*
❐ *Erachten Sie* Die vernichtende Kritik an der „alten" Schule *heute immer noch als zutreffend? In welchen Punkten und in welchem Ausmaß?*

Den Abschluss dieses thematischen Schwerpunkts kann ein fiktives Streitgespräch bilden, das mit folgendem Auftrag initiiert wird:

❐ *Führen Sie im Kurs ein Streitgespräch zwischen Vertretern der „alten" Schule und „Reformern". Beide Parteien können sich auf konkrete Inhalte aus* Frühlings Erwachen *beziehen.*
❐ *Inwieweit ist heute ein Streit zwischen Befürwortern der gegenwärtigen Schule und Reformern denkbar?*

Notizen

_____

_____

_____

_____

_____

_____

_____

_____

_____

_____

Frühlings Erwachen und die vernichtende Kritik an der „alten" Schule

Ordnen Sie jedem der hier genannten Kritikpunkte an der „alten" Schule je einen Text-beleg aus Frühlings Erwachen zu.
Sofern Sie mehrere Belege finden, entscheiden Sie sich für den treffendsten.
Wie weit reichen die Übereinstimmungen zwischen der Kindertragödie und dem päd-agogischen Sachtext?
Welche Konsequenzen ziehen Sie daraus für die Bedeutung des Dramas?

Scheibe – Die vernichtende Kritik an der „alten" Schule[1] – ausgewählte Kriterien	*Frühlings Erwachen* – Textbelege
die Räumlichkeiten zeigen keine den Erzie-hungsaufgaben gemäße Note	
die Schule muss Zwang anwenden	
Übermaß an zu bewältigendem Lehrstoff („Stoffschule")	
die Stoffe haben nichts mit der Gegenwart und dem Leben der Schüler zu tun	
innere Erstarrung der Schule	
mechanisches, passives Lernen ohne Rück-sicht auf das Verständnis („Lernschule")	
autokratische Schulzucht, Versteifung auf Machtautorität	
Anstachelung des ungesunden Ehrgeizes, der Streberei	
Rangordnung	
ständiges Zensurschreiben	
Versetzungsprüfungen	
Gültigkeitsanspruch der Ideale, Ziele, Wer-te, Inhalte und Ordnungen der Erziehung	

---

[1] nach: Wolfgang Scheibe: Die Reformpädagogische Bewegung 1900-1932. Eine einführende Darstellung. Weinheim/Basel: Beltz, 10. Aufl. 1994

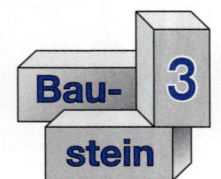

Problemkreis „Sexualität"

3.1 ☐ Bewältigungsversuche jugendlicher Sexualität

Frühlings Erwachen dramatisiert unter anderem die Auseinandersetzung der bürgerlichen Gesellschaft mit der Sexualität. Wedekind beweist dabei eine für die damaligen Verhältnisse erstaunliche Offenheit und Freiheit. Trotzdem begegnen wir der Sexualität in Formen, die nahe legen, von „Bewältigungsversuchen jugendlicher Sexualität" zu sprechen, wobei diese Versuche äußerst facettenreich sind und stets vor dem Hintergrund des jeweiligen gesellschaftlichen Umfelds analysiert werden sollten.

Moritz quält sich aufgrund seiner „männlichen Regungen". Er empfindet seine Unaufgeklärtheit als Belastung, fürchtet andererseits, durch sexuelle Aufklärung von schulischen Anforderungen abgelenkt zu werden. Hinter sexuell Unbekanntem vermutet er „Verabscheuungswürdiges" (13, 12), verbindet Sexualität mit „Unrecht" (29, 19+20+21), bezeichnet sie jedoch als „das Menschlichste" (40, 29) und äußert kurz vor seinem Tod verzerrte Vorstellungen davon (45, 10-16).

Sexualität ist für Melchior unter anderem Gegenstand des Nachdenkens sowie des Schreibens (Aufklärungsschrift). Er war in der Lage, sich selbst „aufzuklären" (13, 14-16), spricht nicht nur mit Moritz, sondern auch mit Hänschen Rilow darüber. Beachtenswert ist sein Traum „sadistischen" Inhalts. Der Ausgang der Begegnung mit Wendla in I,5 scheint mehr aus der beiderseitigen Unsicherheit zu resultieren als aus einem Aufeinandertreffen „sadistischer" und „masochistischer" Tendenzen. Melchior will – entsprechend seiner Lebenshaltung – auch um sexuelle Befriedigung kämpfen (29, 25/26); folgerichtig verführt/vergewaltigt er Wendla in II,4. Seine Sachlichkeit drückt er selbst vor der Lehrerkonferenz aus, relativiert sie erst in III,7.

Für Wendla lässt sich kaum von einem „Bewältigungsversuch jugendlicher Sexualität" sprechen. Sie spielt die ihr von der Gesellschaft zugewiesene Rolle, ist jedoch außerordentlich an sexueller Aufklärung in jeder Hinsicht interessiert. Wendlas „masochistische Tendenzen" bieten Interpretationsspielraum; dabei müssen ihre Unaufgeklärtheit und Unruhe (32, 25/26) Berücksichtigung finden. Szene II,4 und insbesondere II,6 (beide ausgesprochen kurz) haben vor allem Andeutungscharakter und zeigen Wendlas Hin-und-Hergerissensein. Noch über die Mitte von III,5 hinaus spekuliert Wendla über ihren Zustand.

Hänschen Rilow ist „sexuell aktiv"; da er aus gutem Hause stammt, kann er dies nur im Verborgenen sein: auf der Toilette bzw. im Weinberg. Es spielt keine Rolle, ob er nun in II,3 onaniert oder nicht. Entscheidend ist seine die jugendliche Sexualität bejahende Haltung. Trotzdem genießt Hänschen nicht uneingeschränkt (34, 25-27; 35, 23-26). In III,6 zeigt sich, mit welcher Sicherheit er auftritt. Er spricht nicht von Liebe und deutet, trotz seiner „Beziehung" zu Ernst, seine eigentlichen Vorstellungen von sexueller Befriedigung an.

Für Ilse, als außerhalb der bürgerlichen Gesellschaft stehende Figur, ergibt sich ein ganz anderes Bild. Sie leidet nicht unter „Bewältigungsversuchen", sondern lebt ihre (?) Sexualität aus und scheint ausgeglichen und glücklich – wenn auch wenig „natürlich". Moritz bezeichnet sie als „Freudenmädchen", beneidet sie gleichzeitig, ruft sie zurück, nachdem er sie abgewiesen hat, ist jedoch froh, dass sie ihn nicht mehr hört: Hier zeigt sich die gesamte Ambivalenz bürgerlichen Verhaltens, wie Stefan Zweig sie in *Eros Matutinus* (vgl. Textausgabe S. 103) beschreibt.

Die Zöglinge der Korrektionsanstalt, eingesperrt und auf der untersten Stufe der Gesellschaft, onanieren im Korridor offen, gemeinsam und auf ein Geldstück, laden Melchior dazu ein und machen sich über seine Abgrenzung lustig. Der Gegensatz zu II,3 könnte größer nicht sein. Die Zöglinge wirken triebhaft, roh, abstoßend – eine ganz andere Form des Bewältigungsversuchs jugendlicher Sexualität.

Es sei betont, dass das Stück keine der vielfältigen Formen jugendlicher Sexualität abwertet oder gar verurteilt. Dies werden die Schülerinnen und Schüler durch ihre Analyse der „Bewältigungsversuche jugendlicher Sexualität" erkennen; damit erfassen sie einen wesentlichen Aspekt der Bedeutung von *Frühlings Erwachen* und entwickeln ein Problembewusstsein für seine bewegte Rezeptionsgeschichte. Es sollten im Unterricht keinerlei Spekulationen darüber angestellt werden, wie es denn nun zu „sadistischen/masochistischen" Träumen/ Handlungen, zu Onanie und Gruppenonanie, zu „Vergewaltigung", „Ausschweifungen" des „Freudenmädchens" oder homosexuellen Annäherungen kommt. Wedekind stellt 1891 diese Möglichkeiten der Sexualität vorurteilsfrei dar; das sollte im 21. Jahrhundert anerkannt werden können. Unangemessen wäre die Deutung: Durch Unaufgeklärtheit kommt es zu „abweichendem" Sexualverhalten. Auf dieses Glatteis darf sich der Unterricht nicht begeben.

Die Jugendlichen in *Frühlings Erwachen* üben in verschiedenem Maße „Selbstbeherrschung in geschlechtlicher Beziehung". Dabei ist festzustellen: Moritz ist der Einzige, der diese Selbstbeherrschung konsequent „durchhält" – gerade er wird sterben und noch nach seinem Tod für sein Verhalten verurteilt. Hänschen Rilow, Melchior und Ilse akzeptieren – in unterschiedlicher Intensität – ihre Sexualität und leben, verkörpern sogar das Leben (Ilse) bzw. werden (erneut) zum Leben verführt (Melchior). Selbst die Zöglinge der Korrektionsanstalt, die im Rahmen ihrer Möglichkeiten keinerlei Selbstbeherrschung üben, leben. Wendla nimmt, was diesen Deutungsversuch betrifft, als Mädchen der bürgerlichen Gesellschaft eine Sonderstellung ein: Sie stirbt nicht aufgrund ihrer sexuellen Selbstbeherrschung, sondern aufgrund ihrer Unaufgeklärtheit. Es bleibt offen, wann ihr „das Leben" (vgl. 74, 17-19) begegnet ist.

❏ *In welchem Maße üben die in* Frühlings Erwachen *agierenden Jugendlichen* „Selbstbeherrschung in geschlechtlicher Beziehung" (Textausgabe, S. 86f.)? *Berücksichtigen Sie bei Ihrer Antwort möglichst viele Einzelheiten dieses „wissenschaftlichen" Textes.*

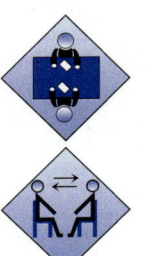

Neben dieser offenen Fragestellung bietet es sich an, das Arbeitsblatt 5 (S. 43) einzusetzen.
Das sich anschließende Unterrichtsgespräch kann mit folgendem Tafel-/Folienanschrieb gesichert werden.

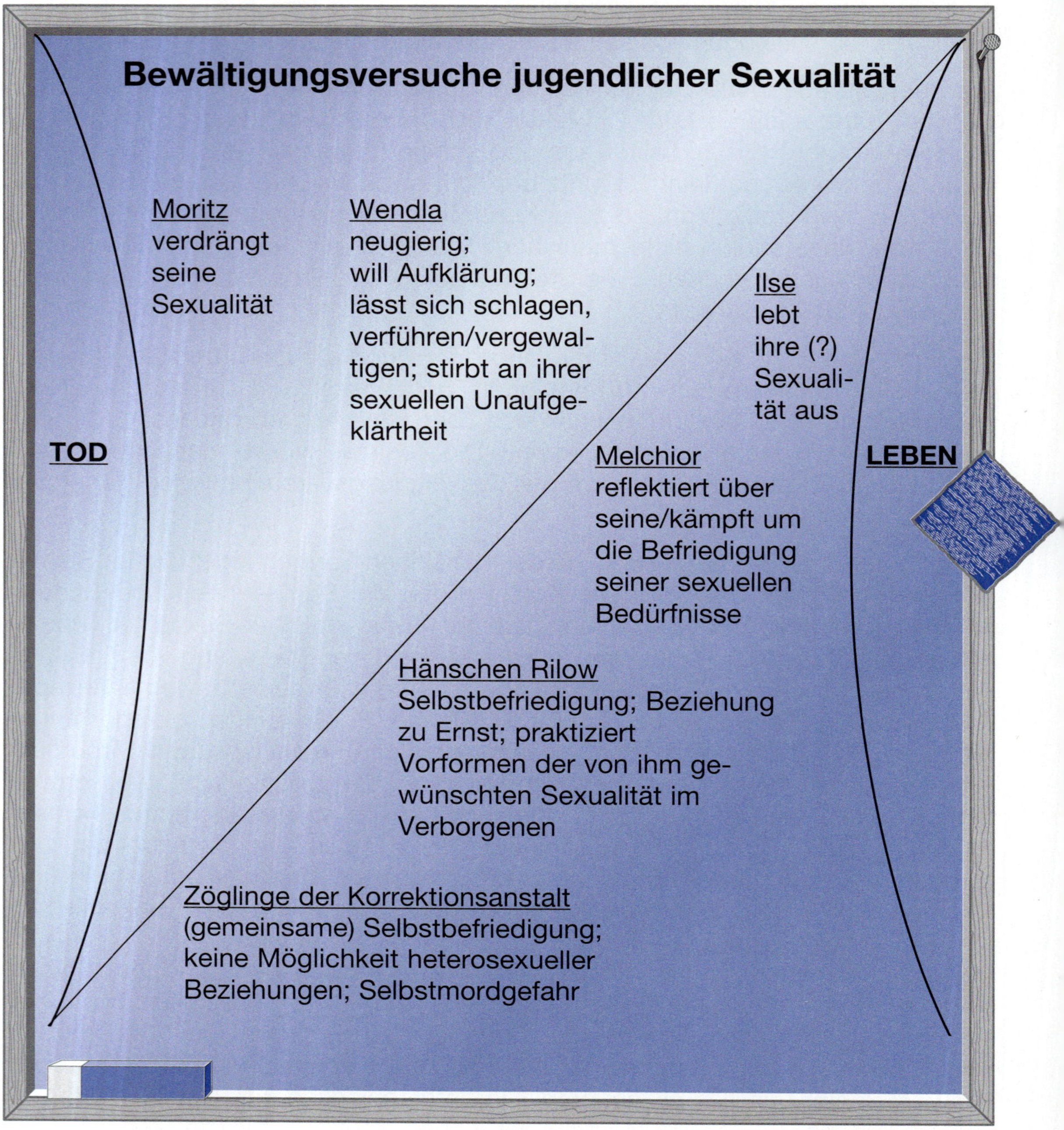

Bewältigungsversuche jugendlicher Sexualität

TOD

LEBEN

Moritz
verdrängt
seine
Sexualität

Wendla
neugierig;
will Aufklärung;
lässt sich schlagen,
verführen/vergewal-
tigen; stirbt an ihrer
sexuellen Unaufge-
klärtheit

Ilse
lebt
ihre (?)
Sexuali-
tät aus

Melchior
reflektiert über
seine/kämpft um
die Befriedigung
seiner sexuellen
Bedürfnisse

Hänschen Rilow
Selbstbefriedigung; Beziehung
zu Ernst; praktiziert
Vorformen der von ihm ge-
wünschten Sexualität im
Verborgenen

Zöglinge der Korrektionsanstalt
(gemeinsame) Selbstbefriedigung;
keine Möglichkeit heterosexueller
Beziehungen; Selbstmordgefahr

Eine produktive Weiterverarbeitung ermöglicht folgender Auftrag:

❏ *In* Frühlings Erwachen *führen Melchior und Moritz zwei Gespräche über Sexualität (I,2 und II,1). Durch Moritz' Tod sowie ihre Begegnung mit dem Vermummten Herrn ergeben sich für beide entscheidende Erfahrungen.
Verfassen Sie einen fiktiven Dialog, in dem sich Melchior und Moritz auf der
Grundlage dieser Erfahrungen nochmals über Fragen der Sexualität austau-
schen.*

❏ *Wie beurteilen Sie vor dem Hintergrund eines solchen Dialoges den von Wedekind gewählten Dramenschluss?*

Bewältigungsversuche jugendlicher Sexualität

Skizzieren Sie auf dem Arbeitsblatt stichwortartig, welche „Bewältigungsversuche" jugendlicher Sexualität Frühlings Erwachen *präsentiert. Beziehen Sie sich vor allem auf die Szenen I,2; I,5; II,1; II,2; II,3; II,4; II,7; III,4; III,6.*

Ergänzen Sie jeweils den treffendsten Textbeleg.

Tragen Sie anschließend Ihre Ergebnisse im Kurs zusammen (ggf. OHP-Folie).

Wie stellt Wedekind jugendliche Sexualität dar?

Welche Aufschlüsse enthält der Text darüber, wie es zu diesen Formen der Sexualität kommt?

Moritz Stiefel	
Melchior Gabor	
Wendla Bergmann	
Hänschen Rilow	
Ilse	
Zöglinge der Korrektions- anstalt	

3.2 ☐ Stellungnahme Erwachsener zur jugendlichen Sexualität

Eine Stellungnahme Erwachsener zur jugendlichen Sexualität erfolgt in *Frühlings Erwachen* meist indirekt/versteckt. Oft tauchen Figuren, deren Einfluss deutlich spürbar ist, gar nicht auf der Bühne auf. Diese unsichtbare Macht ist für die Kindertragödie, für die Tragödie der Kinder, konstitutiv.

Herr Gabor, Jurist, repräsentiert die Unerbittlichkeit der Gesellschaft. Er klärt seinen Sohn nicht auf, es gibt gar keine Szene, in der sich die beiden begegnen. Herr Gabor trifft seine Entscheidungen gesetzestreu und gesellschaftskonform und setzt sie durch. Sein Urteil über die erwachende Sexualität Melchiors ist gnadenlos.

Frau Gabor scheint zunächst verständnisvoll, entlarvt sich jedoch mehrfach als wenig einfühlend. Ihr Kommentar zur Faust-Lektüre, ihr Brief an Moritz und das Gespräch mit ihrem Mann zeigen keinerlei Verständnis für die eigentlichen Probleme von Melchior bzw. Moritz. Die sexuelle Aufklärung ihres Sohnes liegt außerhalb ihrer „geistvollen Erziehungsmethode".

Frau Bergmann verweigert ihrer Tochter die Aufklärung, um die diese sie anfleht; sie stiftet verhängnisvolle Unsicherheit und Verwirrung, beruft sich dabei auf Gott, die Tradition und die Gesellschaft. Sie zeigt bis zum Schluss keinerlei Einsicht, treibt ihre Tochter in den Tod und versucht noch darüber hinaus, den Schein zu wahren.

Die Figur der Ina Müller lässt interpretativen Spielraum. Obwohl sie selbst drei Kinder hat, ist sie – so lässt sich folgern – auf Wendlas existenzielle Probleme niemals eingegangen.

Auch Rentier Stiefel agiert fast ausschließlich indirekt. Über die Figur des Moritz, dessen Unaufgeklärtheit und Gehemmtheit mitverantwortlich für seinen Selbstmord ist, kann abgeleitet werden, dass Stiefel nicht nur niemals auf die Probleme seines Sohnes eingegangen ist, sondern sie entscheidend hervorgerufen hat.

Die Eltern von Hänschen Rilow sind scheinbar recht wohlhabend, sie veranstalten einen Kinderball und können sich eine Gouvernante für Hänschen leisten. Sie „erziehen" ihre Kinder – ganz im Sinne der gehobenen Gesellschaft – dazu, Bedürfnisse zwar auszuleben, dies jedoch so zu tun, dass keinerlei Konventionen verletzt werden. Herr Rilow selbst hat einen „pikanten Inhalt" in „einem Geheimfach seines Sekretärs", Hänschens Bruder einen solchen „unter den Kollegienheften". Die sexuelle Aufklärung der Kinder wird den Dienstboten überlassen.

Herr und Frau Bessel strafen und schlagen ihre Tochter auf sadistische Art. Sehr bedenklich ist Marthas Äußerung (15, 23-25). Jeden Abend wird gebetet. Von sexueller Aufklärung natürlich keine Spur.

Rektor und Gymnasialprofessoren verurteilen jugendliche Sexualität, wollen jeden Aufklärungsversuch durch drastische Maßnahmen verhindern bzw. im Nachhinein bestrafen. Ihnen geht es ausschließlich um Gehorsam und „Bildung". Knochenbruchs Äußerung (52, 16/17) verdeutlicht diese Position.

Pastor Kahlbauch bezieht keinerlei Stellung zur jugendlichen Sexualität. Sein Vokabular enthält jedoch die Begriffe der Sünde und des Bösen, die durch die „Kinderlehre" (23, 2) – so können wir vermuten – in das Denken und die Fantasie der Jugendlichen einfließen (vgl. auch 23, 24/25).

Stellungnahme Erwachsener zur jugendlichen Sexualität

„Die erzieherische Unfähigkeit vieler Erwachsener besteht in ihrer psychologischen Ungeschicklichkeit, Stellung zu nehmen zur infantilen Sexualität"

(Heinrich Meng, 1928)

Herr Gabor	
Frau Gabor	
Frau Bergmann	
Ina Müller	
Rentier Stiefel	
(Eltern von Hänschen Rilow)	
(Eltern von Martha Bessel)	
Rektor Sonnenstich Gymnasialprofessoren	
Pastor Kahlbauch	
Dr. Prokrustes	
Dr. von Brausepulver	
der Vermummte Herr	

(...) = Die in Klammern gesetzten Figuren tauchen nicht auf der Bühne auf.

Beziehen Sie die These von Heinrich Meng so konkret wie möglich auf Frühlings
Erwachen. *Konzentrieren Sie sich dabei jeweils auf eine erwachsene Figur bzw. auf ein
hinter einer jugendlichen Figur stehendes Elternpaar.*
Wie sieht die Stellungnahme aus?
*Worin besteht die „psychologische Ungeschicklichkeit" und/oder die „erzieherische Un-
fähigkeit" genau?*
Führen Sie ein geeignetes Beispiel/eine Textstelle an.
*Welche Konsequenzen lassen sich aus dem Verhalten der von Ihnen gewählten er-
wachsenen Figur(en) für die Kindertragödie ableiten?*

EinFach Deutsch: Unterrichtsmodell: Frühlings Erwachen. © Verlag Ferdinand Schöningh, 2000

Dr. Prokrustes richtet seine Aufmerksamkeit nicht auf die fünf auf dem Korridor um die Wette onanierenden Jugendlichen, sondern darauf, seine Anstalt möglichst ausbruchssicher zu machen.

Dr. von Brausepulver lässt uns Auslegungsmöglichkeiten. Er verordnet der schwangeren, aber kerngesunden Wendla Medikamente in hohen Dosen und führt weder ein ärztliches Gespräch mit der Patientin noch untersucht er sie oder befreit sie in irgendeiner Weise von ihren Sorgen.

Der Vermummte Herr bezieht sich zwar nicht explizit auf die Sexualität, aber repräsentiert als das „Leben" (74, 19) natürlich unter anderem eine (erfüllte) Sexualität; Andeutungen legen das nahe: „Ich mache dich ausnahmslos mit allem bekannt, was die Welt Interessantes bietet." (72, 25–27) Der Vermummte Herr klärt Melchior nicht sexuell auf, er offeriert ihm viel mehr: das Leben und „Er-Leben" selbst.

Die Karikatur „Fritz" (Textausgabe, S. 85) bzw. die inhaltlich entsprechende These von Meng (ebd.) betreffen *eine* (!) Problematik, d.h. *einen* (!) Aspekt der Interpretation von *Frühlings Erwachen*. Die Kindertragödie und ihre Deutung lassen sich jedoch nicht auf diesen Aspekt reduzieren. Es geht ihr und Wedekind nicht ausschließlich um Sexualität, sondern allgemeiner um „das Leben", um existenzielle Möglichkeiten in der (bürgerlichen) Gesellschaft. Belege dafür sind unter anderem die Widmung des Stücks und der dritte Teil der Szene III,7.

❏ *Beschreiben Sie die Karikatur („Fritz", Textausgabe, S. 85).*
❏ *Inwieweit illustriert sie die These von Meng (ebenda) bzw. eine Problematik von* Frühlings Erwachen*?*

Eine Anbindung an den Text erfolgt mithilfe des Arbeitsblattes 6, S. 45.

Eine produktive Weiterverarbeitung kann mit folgendem Schreibauftrag gelingen:

❏ *Verfassen Sie einen fiktiven Dialog zwischen Herrn Gabor und dem Vermummten Herrn.*
Verdeutlichen Sie sich zuvor nochmals deren Haltungen.
Beziehen Sie das Problem jugendlicher Sexualität, Melchiors Entwicklung sowie existenzielle Möglichkeiten in der damaligen Gesellschaft ein.

Den Abschluss dieser Erarbeitungsphase bildet ein offenes Unterrichtsgespräch:

❏ *Kann die These von Heinrich Meng (Textausgabe, S. 85) als Interpretationsmöglichkeit von* Frühlings Erwachen *angesehen werden? Begründen Sie Ihre Position.*

3.3 ❏ Zeitgeschichtliche Rahmenbedingungen

Stefan Zweig beschreibt in *Die Welt von Gestern* die Doppelmoral und Verlogenheit der bürgerlichen Gesellschaft in sexuellen Dingen sehr anschaulich. Was Wedekind in *Frühlings Erwachen* dramatisiert, illustriert Zweig aus großem zeitlichen Abstand in seiner Autobiografie. Die inhaltlichen Übereinstimmungen sind so offensichtlich, dass sie im Unterrichtsgespräch ohne großen Aufwand herausgestellt werden können. Die Bedeutung dieses Vergleichs liegt darin, dass er hilft, den Wirklichkeitsbezug der Kindertragödie fundierter einschätzen zu können. *Frühlings Erwachen* bleibt nicht mehr eine isolierte, überspitzte, inhaltlich schwierig zu beurteilende künstlerische Einzelleistung. Vielmehr wird transparent, dass Wedekind weit weniger übertreibt, als es zunächst den Anschein hat.

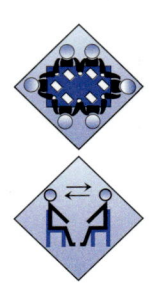

❑ *Beziehen Sie die Hauptaussagen des Zweig-Textes (Textausgabe, S. 103ff.) so eng wie möglich auf Frühlings Erwachen.*

❑ *Wo finden sich Übereinstimmungen, wo Widersprüche?*

❑ *Welche Schlussfolgerungen lassen sich für den Wirklichkeitsbezug der Kindertragödie ableiten?*

Freud selbst hat in seinem Hörsaal-Bild das Modell von Verdrängung und Widerstand anschaulich dargestellt. Darüber hinaus ist auch der alltägliche Gebrauch dieser Begriffe durchaus nicht irreführend. Es sind keine umfangreichen psychoanalytischen Kenntnisse erforderlich, um zu erkennen, dass fast alle in *Frühlings Erwachen* agierenden Figuren Verhaltensweisen zeigen, die nach dem Modell von Verdrängung und Widerstand erklärt werden können. Die Schülerinnen und Schüler werden dies am Beispiel der jugendlichen wie erwachsenen Hauptfiguren problemlos herausarbeiten können. Entscheidend ist, dass lediglich Ilse und der Vermummte Herr (als das Leben personifizierende Figuren) ohne Verdrängungsmechanismen auskommen. Auch der Text von Stefan Zweig wird durch die Berücksichtigung von Freuds Gedanken bereichert, Zweig selbst bezieht sich ja auf Freud (Textausgabe, S. 104 und 105).

❑ *In Frühlings Erwachen können verschiedene Verhaltensweisen mit Freuds Modell der Verdrängung und des Widerstandes (Textausgabe, S. 87f.) beschrieben werden.*

Sammeln Sie diese und analysieren Sie sie vor dem Hintergrund von Freuds Bild.

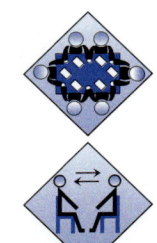

Im Zusammenhang mit der Tafelskizze sollte kurz darauf hingewiesen werden, dass Modelle die Wirklichkeit bzw. Beispiele aus der Literatur nie vollständig erfassen können.

Freuds Modell der Verdrängung und des Widerstandes am Beispiel des Moritz Stiefel

Störenfried (lenkt vom Vortrag ab)	sexuelle Bedürfnisse lenken von schulischen Anforderungen ab („Wenn du wüsstest, was ich ausgestanden, seit jener Nacht!" 12, 2/3)
VERDRÄNGUNG Störenfried wird vor die Tür gesetzt	Versuch, nicht an Sexuelles zu denken („Um mit Erfolg büffeln zu können, muss ich stumpfsinnig wie ein Ochse sein." 13, 31/32)
Fortsetzung des Vortrags	erhöhte schulische Anstrengungen („Ich will arbeiten und arbeiten, bis mir die Augen zum Kopf herausplatzen." 25, 23/24)
WIDERSTAND Stühle werden an die Tür gerückt	Melchiors Aufklärungsschrift wird zwischen den Büchern versteckt („Ich werde es nach Hause tragen, ohne zu wissen, dass ich es habe." 14, 6/7)
Spektakel des Störenfriedes vor der Tür	erneute Gedanken an Sexualität (Ende II,1 und II,7)
stärkere Ablenkung vom Vortrag als zuvor	schulisches Scheitern und Selbstmord (II,5 und II,7)

Freuds Schichtenmodell, das in Zusatzmaterial 15 (S. 99) für unseren Unterrichtszusammenhang ausreichend angedeutet wird, kann einen wertvollen Beitrag zur Interpretation von *Frühlings Erwachen* liefern. Eine der wichtigsten Entwicklungs-/Sozialisationsaufgaben der im Drama agierenden Jugendlichen ist das Ausbalancieren von eigenen Bedürfnissen (Es) und überzogenen gesellschaftlichen Anforderungen (Über-Ich). Die Kindertragödie zeigt Beispiele für das Gelingen dieser Aufgabe (v.a. Hänschen Rilow), für das Scheitern (Moritz Stiefel) sowie für das scheinbare Sich-Abnehmen-Lassen der Aufgabe (Wendla Bergmann, der ja sowohl von Melchior als auch von ihrer Mutter keine eigenen Entscheidungen gelassen werden).

In III,7 wird deutlich, dass Jugendlichen durchaus Hilfestellungen beim Balancieren zwischen Es und Über-Ich gewährt werden können (Melchior Gabor).

Die Träume von Melchior und Moritz können ganz im Sinne Freuds als „Königsweg zum Unbewussten" gedeutet werden, als vor der Tür tobende Störenfriede, die lautstark auf Inhalte des Bewusstseins, auf Bedürfnisse und „Wunsch-Träume" hinweisen.

Die Nähe zwischen Wedekind und Freud spiegelt sich nicht zuletzt in der ambivalenten Rezeptionsgeschichte ihrer Werke.

Die wenigen freudschen Gedanken in Textausgabe und Zusatzmaterialien zeigen klar, dass Freud und Wedekind (in *Frühlings Erwachen*) den gleichen Gegenstand von zwei verschiedenen Standorten aus beleuchten.

❐ *Beschreiben Sie die psychische Situation der Hauptfiguren von* Frühlings Erwachen *mithilfe von Freuds Schichtenmdell (Es, Über-Ich, Ich).*

❐ *Gehen Sie auch auf die Traumschilderungen von Melchior und Moritz in I,2 ein. Wie würden Sie diese Träume „erklären"?*

❐ *Übertragen Sie die Feststellung, dass Freuds „neues psychologisches Denken als Angriff auf die herrschende Moral und Ordnung verstanden" wurde, auf Wedekind und* Frühlings Erwachen.

❐ *Inwieweit beinhaltet das Drama psychologische Gedanken? Nennen Sie Beispiele.*

❐ *Was können Sie in diesem Fall über den Zusammenhang von Wissenschaft und Literatur ableiten?*

Der kurze Freud-Text *Zur sexuellen Aufklärung der Kinder* (Zusatzmaterial 16, S. 99) sollte den Schülerinnen und Schülern nicht vorenthalten werden, verdeutlicht er doch, dass auch bereits um 1900 psychologische und pädagogische Positionen existierten, die „Kindertragödien" wie die eines Moritz Stiefel oder einer Wendla Bergmann hätten verhindern können. Der Schreibauftrag kann andererseits lebendig vor Augen führen, dass sich die konservativen Kräfte in ihrer Argumentation auf zahlreiche Instanzen berufen konnten.

❐ *Beziehen Sie die Hauptaussagen des Textauszuges (Sigmund Freud – Zur sexuellen Aufklärung der Kinder) so konkret wie möglich auf* Frühlings Erwachen.

❐ *Nehmen Sie aus der Perspektive einer erwachsenen Figur der Kindertragödie Stellung zu Freuds Auffassung.*

An mehreren Stellen äußern Figuren des Dramas Gedanken, die sehr stark an die nur ein paar Jahre später entstehende Jugendbewegung (Zusatzmaterial 17, S. 100) erinnern.

Melchior schläft im Sommer in einer Hängematte, Moritz und Martha entfalten Erziehungsvorstellungen, die der Erziehungswirklichkeit, in der die Figuren leben, aufs Schärfste widersprechen. Der Text zur Jugendbewegung kann auch durch ein Referat vorgestellt werden; er bietet eine weitere Möglichkeit, den Realitätsgehalt von *Frühlings Erwachen* fundierter einschätzen zu können.

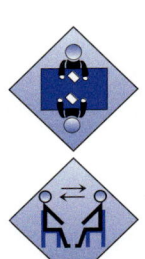

❑ *Markieren Sie im Text* (Die Jugendbewegung zu Beginn des 20. Jahrhunderts) *die Informationen, welche in einem Zusammenhang mit* Frühlings Erwachen *stehen.*

❑ *Welche Auswirkungen hätte die Mitgliedschaft in einer der Gruppen der Jugendbewegung z.B. für Moritz haben können?*

3.4 ❑ Aktuelle Bedeutung

Rousseaus Erziehungsroman *Emile* wie Wedekinds Kindertragödie *Frühlings Erwachen* haben neben vielem anderen eines gemeinsam: das Missverständnis zahlreicher Lesender, die Autoren wollten für ein „Zurück zur Natur!" plädieren.

Die Lektüre der ausgewählten Gedanken Rousseaus (Textausgabe, S. 110ff.) kann den Lernenden klar vor Augen führen, welche Erziehungsfehler Wedekind in seinem Stück thematisiert:

- die völlige Stoffüberlastung bis zur Erschöpfung
- die aggressiven Eingriffe in das junge Leben, welche nicht selten in die Korrektionsanstalt oder in den Tod führen
- die mangelnde Sensibilität für die Entwicklungsnotwendigkeiten und die existenziellen Bedürfnisse der jungen Menschen
- das komplette Ignorieren der eigenen Fähigkeiten Jugendlicher, ihrer Kompetenzen zur Selbsttätigkeit und Selbstbestimmung
- das Eindämmen-Wollen jeglicher Energien der jungen Menschen
- der Verzicht darauf, die Heranwachsenden in den Bereichen zu stützen, in denen sie auf Unterstützung angewiesen sind
- das Am-Leben-vorbei-Lehren
- die ausschließliche Fixierung auf eine (potenzielle!) spätere gesicherte Existenz in der bürgerlichen Gesellschaft
- die unbedingte Forderung, die Vorgaben der älteren Generation zu erfüllen
- den Jugendlichen wird aufgezwungen, was sie nicht wissen wollen, jedoch das Wissen, nach dem sie verlangen, verweigert
- Lehrprozesse berücksichtigen nicht die Verständnismöglichkeiten der Lernenden
- Kritikfähigkeit wird nicht angestrebt, Kritik nicht geduldet
- das eigenständige Urteil zählt nicht
- Ziel ist der Bürger, der die Forderungen der Gesellschaft akzeptiert und erfüllt
- es werden keine anderen Orientierungen als diejenige an der bürgerlichen Gesellschaft geduldet

Der Kontrast der Gedanken Rousseaus zur bürgerlichen Gesellschaft des ausgehenden 19. Jahrhunderts wird sehr deutlich. Trotzdem – oder gerade deshalb – findet sich sein Bild im Konferenzzimmer (46, 2/3).

Die Schülerinnen und Schüler werden erkennen, dass – bei aller Kritik bezüglich der Umsetzbarkeit seiner Überlegungen – ein Handeln im Geiste der rousseauschen Pädagogik viele Einzeltragödien innerhalb der Kindertragödie hätte verhindern können.

❑ *Welche Auswirkungen hätte eine Orientierung an den pädagogischen Gedanken Rousseaus (Textausgabe, S. 110ff.) für die jugendlichen Hauptfiguren von* Frühlings Erwachen *konkret haben können?*

Bei den folgenden Arbeitsaufträgen stehen persönliche Wertungen und der anschließende Austausch in der Kursgruppe im Vordergrund. Es kommt weniger

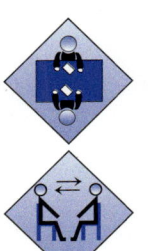

darauf an, bestimmte Ergebnisse zu erzielen und zu sichern, als vielmehr auf die individuelle Auseinandersetzung mit den Inhalten. Die Schülerinnen und Schüler können eine je eigene Position beziehen, diese durch Textbelege (sowohl aus *Frühlings Erwachen* als auch aus den Zusatzmaterialien) untermauern, formulieren, ins Kursgespräch einbringen und diskutieren.

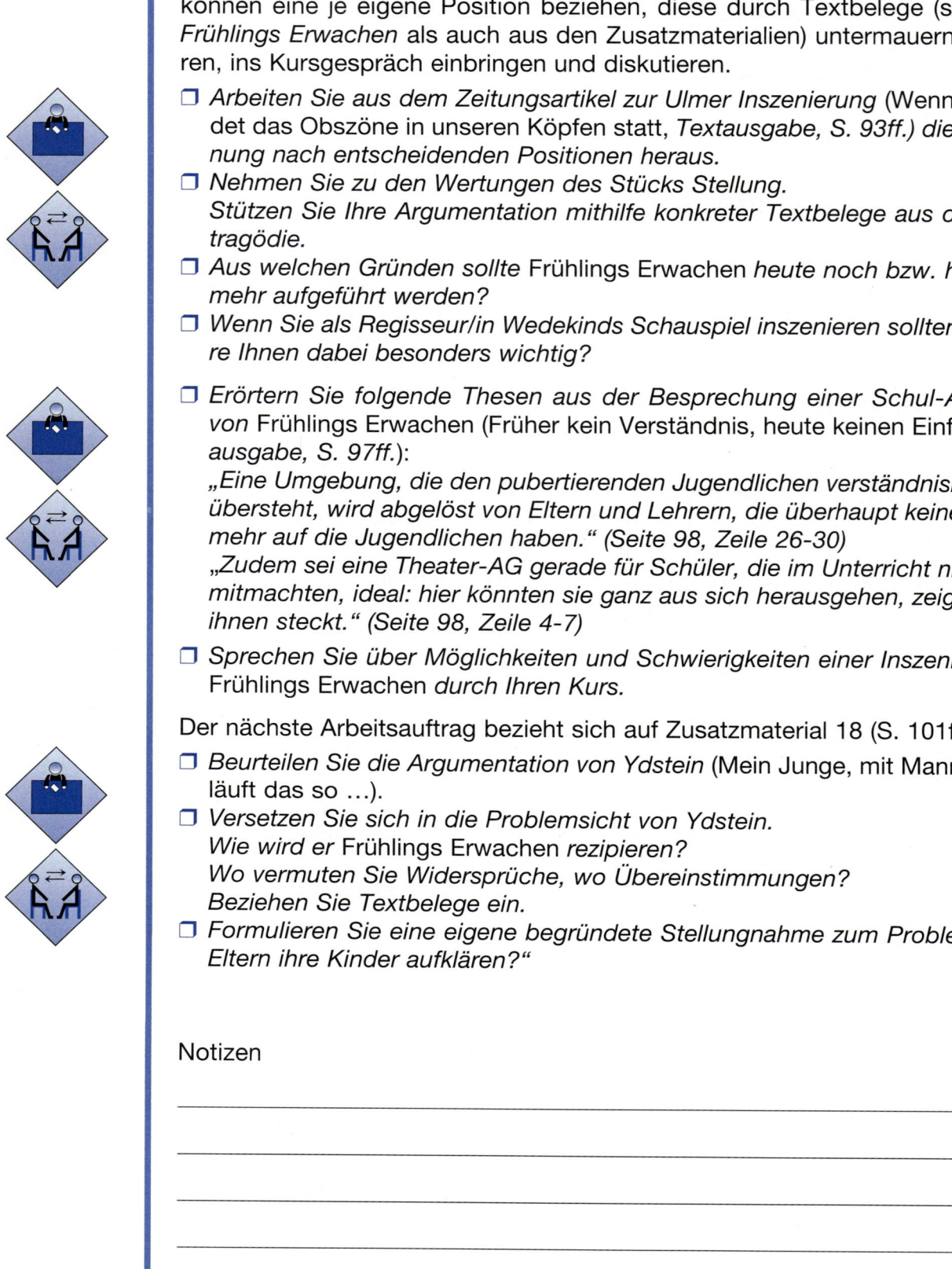

❏ *Arbeiten Sie aus dem Zeitungsartikel zur Ulmer Inszenierung (Wenn, dann findet das Obszöne in unseren Köpfen statt, Textausgabe, S. 93ff.) die Ihrer Meinung nach entscheidenden Positionen heraus.*

❏ *Nehmen Sie zu den Wertungen des Stücks Stellung.*
Stützen Sie Ihre Argumentation mithilfe konkreter Textbelege aus der Kindertragödie.

❏ *Aus welchen Gründen sollte* Frühlings Erwachen *heute noch bzw. heute nicht mehr aufgeführt werden?*

❏ *Wenn Sie als Regisseur/in Wedekinds Schauspiel inszenieren sollten: Was wäre Ihnen dabei besonders wichtig?*

❏ *Erörtern Sie folgende Thesen aus der Besprechung einer Schul-Aufführung von* Frühlings Erwachen *(Früher kein Verständnis, heute keinen Einfluss, Textausgabe, S. 97ff.):*
„Eine Umgebung, die den pubertierenden Jugendlichen verständnislos gegenübersteht, wird abgelöst von Eltern und Lehrern, die überhaupt keinen Einfluss mehr auf die Jugendlichen haben." (Seite 98, Zeile 26-30)
„Zudem sei eine Theater-AG gerade für Schüler, die im Unterricht nicht so gut mitmachten, ideal: hier könnten sie ganz aus sich herausgehen, zeigen, was in ihnen steckt." (Seite 98, Zeile 4-7)

❏ *Sprechen Sie über Möglichkeiten und Schwierigkeiten einer Inszenierung von* Frühlings Erwachen *durch Ihren Kurs.*

Der nächste Arbeitsauftrag bezieht sich auf Zusatzmaterial 18 (S. 101f.).

❏ *Beurteilen Sie die Argumentation von Ydstein (Mein Junge, mit Mann und Frau läuft das so …).*

❏ *Versetzen Sie sich in die Problemsicht von Ydstein.*
Wie wird er Frühlings Erwachen *rezipieren?*
Wo vermuten Sie Widersprüche, wo Übereinstimmungen?
Beziehen Sie Textbelege ein.

❏ *Formulieren Sie eine eigene begründete Stellungnahme zum Problem „Sollen Eltern ihre Kinder aufklären?"*

Notizen

_____

_____

_____

_____

_____

_____

_____

_____

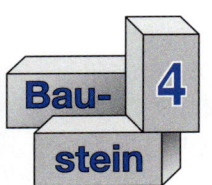

Baustein 4 Dramenspezifische Aspekte

Nachdem in den vorangegangenen beiden Bausteinen („Schule" und „Sexualität") allgemeine Problemkreise behandelt wurden, die sowohl für *Frühlings Erwachen* von entscheidender Bedeutung sind, als auch in anderen Texten der „Schulliteratur" thematisiert werden, widmet sich Baustein 4 einer textimmanenten Analyse und Interpretation der Kindertragödie.

4.1 ◻ Aufbau

Die Schülerinnen und Schüler werden dazu aufgefordert – das sollte unverzichtbarer Bestandteil der unterrichtlichen Arbeit sein – sich die Struktur des Handlungsverlaufs genau zu verdeutlichen. Sinnvoll scheint dazu die Form der grafischen Darstellung (vgl. S. 53). Durch die Szenenabfolge und die Konzentration auf die Hauptfiguren Wendla, Melchior und Moritz lässt sich die inhaltliche Komplexität gut strukturieren. Aus dieser Systematik fallen nur wenige Szenen heraus; das ist kein Zufall, sondern verweist auf die Figur des Hänschen Rilow (II,3 und III,6 gemeinsam mit Ernst Röbel). Vor allem Hänschen hat einen Weg gefunden, innerhalb der bürgerlichen Gesellschaft seine Bedürfnisse zu befriedigen. Das unterscheidet ihn von Moritz, Wendla und sogar von Melchior, der erst durch den Vermummten Herrn „zum Leben verführt" wird.

Die in diesem Modell präsentierte Grafik zum Dramenaufbau (s. Seite 53) versteht sich als *eine* Möglichkeit der Darstellung. Andere Beispiele sind denkbar. Ziel für die Lernenden bleibt die Auseinandersetzung mit dem Aufbau der Kindertragödie sowie die inhaltliche Begründung der eigenen Position, weniger eine bestimmte Lösung.

Es wird sich herauskristallisieren: *Frühlings Erwachen* ist ein Drama der offenen Form mit chronologisch gebundenen Handlungslinien. Inwieweit der Gegensatz von geschlossener und offener Dramenform Unterrichtsgegenstand werden soll, bleibt vom Vorwissen der Lerngruppe abhängig.

Eine Betrachtung der Schauplätze darf sich nicht auf den Kontrast „Innenraum – Außenraum" beschränken und sie mit den Gegensätzen „Erwachsene/Gesellschaft – Jugendliche/Natur" verbinden. Zunächst muss als eine dritte Gruppe diejenige konstatiert werden, in der Innen- auf Außenräume verweisen und umgekehrt. In I,4 befinden wir uns in „Parkanlagen vor dem Gymnasium", mehrfach spielen Fenster eine Rolle, der Heuboden (II,4) nimmt deutlich eine Zwischenstellung zwischen Innen- und Außenraum ein. Weiterhin kann zwischen Natur und Kulturlandschaft bzw. örtlichen Grünflächen unterschieden werden: Nur I,5 spielt im Wald. Die genaue Analyse zeigt: Jugendliche agieren nicht ausschließlich in Außenräumen; das ist für den Ausgang des Dramas – der Friedhof (III,7) ist übrigens als ein „Zwischenraum" ganz besonderer Art anzusehen – nicht unbedeutend: Hier wird Melchior, der noch im ersten Akt äußerte: „Fort, nur fort, zur Stadt hinaus!" (20, 34), ein Leben in der bürgerlichen Gesellschaft und damit auch in ihren Innenräumen angeboten.

Nicht unerwähnt bleiben darf das Spannungsverhältnis zwischen Titel, Gattungsbezeichnung und Widmung von *Frühlings Erwachen* (vgl. Arbeitsblatt 9, S. 57). Was auf den ersten Blick recht widersprüchlich scheint, lässt sich weitestgehend erklären (vgl. S. 57). Ein gewisser interpretativer Spielraum bleibt: Warum wird ein Stück, das „dem Leben" („Dem Vermummten Herrn") gewidmet ist, als „Eine Kindertragödie" ausgewiesen? Die Problematik ist komplex: Moritz und Wendla mussten sterben, wir erfahren vom Tod des „Max von Trenk" (27, 34) und von einer „Selbstmordepidemie" (46, 25). Auf der anderen Seite stehen die Einsichten von Hänschen Rilow, die Kraft des Melchior, die Macht des Vermummten Herrn und Wedekinds Äußerung: „Es widerstrebte mir, das Stück, ohne Ausblick auf das Leben der Erwachsenen, unter Schulkindern zu schließen."

❐ *Vergleichen Sie die Schauplätze der einzelnen Szenen miteinander.*

❐ *Welche Handlungen finden in Innen-, welche in Außenräumen statt? Erkennen Sie eine dritte Schauplatzgruppe? Welche Szenen würden Sie dieser Gruppe zuordnen?*

❐ *Inwieweit ist ein Zusammenhang zwischen bestimmten Figuren(gruppen) / Handlungen und bestimmten Räumen/Raumgruppen feststellbar?*

Für den folgenden Arbeitsauftrag kann auch das Arbeitsblatt 7 (S. 55) benutzt werden.

❐ *Analysieren Sie den Aufbau von* Frühlings Erwachen. *Ziehen Sie dazu Ihr Szenenverzeichnis heran. Untersuchen Sie, wann die Hauptfiguren jeweils auf der Bühne erscheinen.*

❐ *Welche Handlungsstränge zeichnen sich ab?*

❐ *Wie begründet sich die Abfolge der Szenen?*

❐ *Welche Szenen sind nicht an die Chronologie des Handlungsverlaufs gebunden?*

❐ *Fertigen Sie eine Strukturskizze zum Dramenaufbau an.*

❐ *Erklären Sie, warum* Frühlings Erwachen *als „Drama der offenen Form" bezeichnet wird.*

Arbeitsblatt/Lösungsvorschlag (Folie) auf der nächsten Seite.

Ein Vorzug dieser Darstellung liegt darin, dass Handlungsverläufe/-linien des Dramas überschaubar werden. Die Beziehungen der Hauptfiguren zueinander lassen sich aufzeigen. Durch Farbstifte (OHP-Folie in Einsteckfolie) können vielfältige Details der Dramenstruktur visualisiert werden, z.B.:

- II,3 und III,6: Szenen ohne Hauptfiguren; Bedeutung Hänschen Rilows
- III,7 (Dramenschluss): einzige Verbindung aller drei Figuren
- Melchiors Beziehung sowohl zu Wendla als auch zu Moritz
- Verknüpfung der Jungengespräche (I,2 und II,1) sowie des Mädchengesprächs (I,3) mit der weiteren Handlung (I,5/II,4 etc.)
- Wechsel von sexuellen Handlungen und Gesprächen über Sexualität:
  Wendla: I,3 → I,5 → II,2 → II,4 → II,6
  Melchior: I,2 → I,5 → II,1 → II,4 → III,7

Dramenaufbau

Szene	Wendla	Melchior	Moritz
I,1	Kleid (→ III,7: Tod)		
I,2		Sexualität/ sadistischer Traum Aufklärungsschrift	Schulbelastung/ Sexualität
I,3	Schläge/Kinder bekommen	↓ ↓	↓ ↓
I,4	↓ ↓	↓ ↓	provisorische Versetzung ↓
I,5	Bitte um Schläge ↓	schlägt Wendla ↓	↓ ↓
II,1	↓ ↓	„Kampf" um sexuelle Befriedigung ↓	Schulbelastung/ Sexualität
II,2	„Aufklärung"	↓ ↓	↓ ↓
II,3	↓ ↓	↓ ↓	↓ ↓
II,4	Verführung/ Vergewaltigung	verführt/vergewaltigt Wendla ↓	↓ ↓
II,5	↓	↓ ↓	(Brief) ↓
II,6	Monolog	↓ ↓	↓ ↓
II,7	↓	↓ ↓	Selbstmord
III,1	↓	wird wegen Aufklärungsschrift vernommen	↓
III,2	↓	↓ ↓ ↓	(Begräbnis)
III,3	↓	↓ ↓ ↓	↓
III,4	↓	in Korrektionsanstalt	↓
III,5	Krankheit/Schwangerschaft	↓	↓
III,6	↓	↓	↓
III,7	Grab	← auf dem Friedhof →	← Gespräch

↓ = hier werden die Hauptlinien der Handlung dargestellt

- Funktion der drei Akte: Einleitung, Haupthandlung(en), Konsequenzen
- Gründe für Melchiors Einweisung in die Korrektionsanstalt: sexueller Kontakt zu Wendla, Schulverweis, Aufklärungsschrift (für Melchiors Eltern sind das drei Gründe, auch wenn für die Lehrerkonferenz der Schulverweis aus dem Verfassen der Aufklärungsschrift resultiert)
- Melchior verkörpert Aktion (seine Beziehung zu Wendla) sowie Reflexion (sein Kontakt zu Moritz); für Wendla dominiert die Aktion die Reflexion, für Moritz die Reflexion die Aktion; Melchior überlebt, Wendla und Moritz sterben
- für Moritz stellen Schulbelastung und Sexualität die zentralen existenziellen Probleme dar; beide sind für seinen Selbstmord ausschlaggebend

4.2 ◻ Gegensätze

Frühlings Erwachen wird in unterschiedlicher Hinsicht durch Gegensätze bestimmt. Das zeigt sich neben dem (scheinbaren) Widerspruch zwischen Titel und Gattungsbezeichnung unter anderem an den Schauplätzen (Innenräume – Außenräume), an den Figurengruppen (Jugendliche – Erwachsene, Jungen – Mädchen, konformes – nonkonformes Verhalten, erfolgszuversichtliche – misserfolgsängstliche Haltung etc.), an der „Auseinandersetzung" Jugendlicher mit gesellschaftlichen Forderungen/Konventionen, am durchgängigen Aufeinandertreffen tragischer und komischer Elemente und schließlich an der Entscheidung über Leben und Tod. Dabei handelt es sich nicht um einen lauten Kampf, vielmehr um einen institutionalisierten Anpassungsdruck des gesellschaftlichen Zwangssystems. Stets treffen „Zwei Welten" aufeinander; Hesse beschreibt dieses Phänomen ganz klar: „Und das Seltsamste war, wie die beiden Welten aneinander grenzten, wie nah sie beisammen waren!" (vgl. Textausgabe, S. 100ff.) In *Frühlings Erwachen* wird erst auf den zweiten Blick deutlich, wie nah sich das wohl geordnete Leben in der bürgerlichen Gesellschaft einerseits und Scheitern und Tod andererseits stehen können. Die Differenzierung in Handlungs- und Bedeutungsebene kann für diesen Gegensatz sensibilisieren. Dabei ist es notwendig, den Text sehr genau zu beleuchten und vor allem sich in der Analyse nicht auf jeweils eine exemplarische Szene zu beschränken. Mit der Erkenntnis, dass in I,1 Wendlas Kleid für ihren Körper und ihre Sexualität steht, die verdeckt/verdrängt werden müssen, und dass Wendla hätte weiterleben können, wenn ihre Mutter bereits hier offen mit ihr gesprochen hätte, ist zwar der Einstieg in die Problematik erfolgt, die Tragweite des Aspekts „Handlungsebene – Bedeutungsebene" jedoch längst nicht erfasst. Das gilt gleichermaßen für die Analyse der Gegensätze zwischen Lebensversuchen Jugendlicher und Grundsätzen der bürgerlichen Gesellschaft, zwischen Tragik und Komik sowie zwischen Leben und Tod. Gegensätze und Schein-Gegensätze finden sich darüber hinaus in dem von Moritz entfalteten Weltbild 70, 24-71,5. Zur Bewältigung der Komplexität dieses inhaltlichen Bereichs können arbeitsteilige Partner- bzw. Gruppenarbeit eingesetzt werden, die jeweils in ein Unterrichtsgespräch münden sollten, welches die Ergebnisse bündelt und schriftlich fixiert.
Selbstverständlich stellen die angebotenen Tafelskizzen nur eine Möglichkeit der Sicherung dar – sowohl inhaltlich als auch formal.

4.2.1 ◻ Handlungsebene – Bedeutungsebene

◻ *Stellen Sie (zunächst in Partnerarbeit) Szene I,1 szenisch dar.*
Markieren Sie dazu Ihren Rollentext so, dass Sie ihn inhaltsangemessen interpretieren/spielen können. Bevor dem Kurs (freiwillig!) mehrere Versionen vorgetragen werden, sollten Sie sich auf Auswertungskriterien der Darstellungen einigen.

Der Aufbau des Dramas
Frühlings Erwachen

Szene	Wendla	Melchior	Moritz
I,1			
I,2			
I,3			
I,4			
I,5			

Szene	Wendla	Melchior	Moritz
II,1			
II,2			
II,3			
II,4			
II,5			
II,6			
II,7			

Szene	Wendla	Melchior	Moritz
III,1			
III,2			
III,3			
III,4			
III,5			
III,6			
III,7			

Verdeutlichen Sie sich den Aufbau von Frühlings Erwachen *anhand des Auftretens der Hauptfiguren (in der oben stehenden Darstellung jeweils grau unterlegt).*

Ordnen Sie jedem Auftritt einer Hauptfigur ein inhaltliches Stichwort zu.

Markieren Sie dann entsprechende Handlungslinien (durch Pfeile/in verschiedenen Farben). Welche Erkenntnisse können Sie aus Ihrer Grafik ableiten?

EinFach Deutsch: Unterrichtsmodell: Frühlings Erwachen. © Verlag Ferdinand Schöningh, 2000

Überlegungen zum Dramentypus

Nehmen Sie Stellung zur Gattungsbezeichnung von Frühlings Erwachen: *„Eine Kinder-tragödie". Warum passt diese Bezeichnung Ihrer Meinung nach, warum eventuell nicht? Entscheiden Sie sich für einen der folgenden Erklärungsansätze bzw. formulieren Sie einen eigenen. Begründen Sie Ihre Position am Text.*

Ist *Frühlings Erwachen* eine „Kindertragödie", …

- obwohl die Handlung zuversichtlich endet?
- weil die Probleme von Kindern/Jugendlichen ausgelöst werden?
- weil Kinder/Jugendliche durch eine tragische Konstellation sterben müssen?
- weil es sich um eine „Tragödie" handelt, welche die Schicksale von Kindern/Jugendlichen beleuchtet?
- weil es eine „Mini-Tragödie" thematisiert?
- weil es keinen tragischen Helden im klassischen Sinne gibt?
- die gleichermaßen als „Tragikomödie" hätte bezeichnet werden können?
- obwohl gar keine Tragödie zu erkennen ist?
- weil die inszenierten Probleme eigentlich gar nicht tragisch sind?
- weil es sich eher an ein jugendliches Publikum wendet?
- …
- …
- …

Eigene Begründung:

_____

_____

_____

_____

_____

_____

_____

_____

_____

_____

_____

Titel – Gattungsbezeichnung – Widmung: Relationen

Einige Ausgaben von Frühlings Erwachen *enthalten eine Widmung: „Dem Vermummten Herrn – der Verfasser".*

Veranschaulichen Sie sich die Beziehungen zwischen Titel, Gattungsbezeichnung und Widmung von Frühlings Erwachen, *indem Sie jede Bedeutung der Pfeile 1-6 kommentieren.*

Wo sehen Sie schlüssige Zusammenhänge, wo Widersprüche?

Welche Konsequenzen leiten Sie aus Ihren Überlegungen für die Intention der Kindertragödie ab?

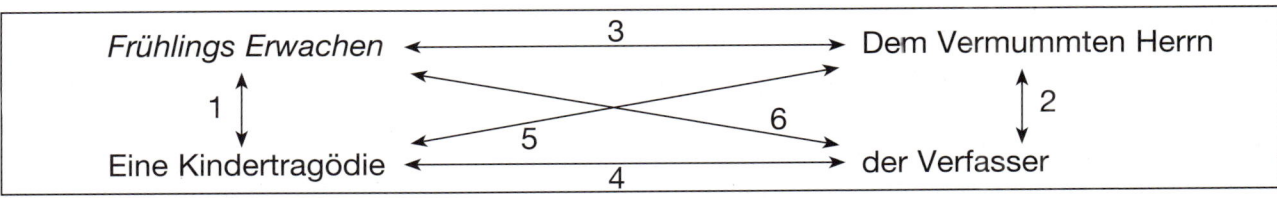

✂ -

Mögliche Ergänzungsfragen

1 Während der Titel *(Frühlings Erwachen)* positive Assoziationen weckt, gilt dies für die Gattungsbezeichnung („Eine Kindertragödie") ganz und gar nicht. Inwieweit können Sie diesen Widerspruch auflösen?

2 Beschreiben Sie die Beziehung der Teile der Widmung („Dem Vermummten Herrn" – „der Verfasser")* zueinander. Wie steht Wedekind zur Figur des Vermummten Herrn? Beziehen Sie auch die Abbildung auf Seite 77 Ihrer Textausgabe ein. [* = Nicht alle *Frühlings Erwachen*-Ausgaben enthalten die Widmung!]

3 Vergleichen Sie den Titel mit dem ersten Teil der Widmung („Dem Vermummten Herrn"); welche Zusammenhänge/Widersprüche erkennen Sie?

4 Wie stehen Gattungsbezeichnung („Eine Kindertragödie") und der zweite Teil der Widmung („der Verfasser") zueinander? Beziehen Sie Informationen aus dem Text von Karl Ernst Maier – *Die Schule in der Literatur* (Textausgabe, S. 81f.) mit ein.

5 Sehen Sie zwischen der Gattungsbezeichnung und dem ersten Teil der Widmung eine Übereinstimmung oder einen Widerspruch? Begründen Sie Ihre Position am Text.

6 In welchem Verhältnis stehen der Titel und der zweite Teil der Widmung? Lassen sich aus Ihren Überlegungen Vermutungen über eine mögliche Intention Wedekinds ableiten?

✂ -

Lösungsvorschlag

1 scheinbarer Widerspruch, welcher sich aus den gesellschaftlichen Rahmenbedingungen herleitet

2 Affinität; Intention; 1908 spielte Wedekind selbst den Vermummten Herrn in der Wiener Aufführung

3 Affinität; (ver)führt zum Leben

4 biografische Beziehung; „Fast jede Szene entspricht einem wirklichen Vorgang"; Schulerfahrungen Wedekinds

5 teilweiser Widerspruch; der Vermummte Herr vermag die Tragik z.T. abzuwenden

6 Affinität; autobiografische Figurenzeichnung Melchior Gabors; Egoismustheorie; Vitalismus

EinFach Deutsch: Unterrichtsmodell: Frühlings Erwachen. © Verlag Ferdinand Schöningh, 2000

❏ *Fassen Sie abschließend zusammen, wodurch das Gespräch zwischen Wendla und ihrer Mutter gekennzeichnet ist.*

Gerade für das Erfassen von Gegensätzen kann das szenische Spiel die Möglichkeiten voll entfalten. Die Lernenden können sich in die „Zwei Welten" der Kindertragödie hineinspielen und – auch vor dem Hintergrund der Texte von Hesse und Zweig – zunehmend verstehen, dass der dramatische Grundkonflikt einerseits in den gesellschaftlichen Rahmenbedingungen angelegt ist und sich andererseits bis in einzelne Formulierungen bzw. Gesten der Figuren hineinzieht. Im Spiel kann die Spannung zwischen jugendlicher Neugier, Naivität, Lebensfreude etc. und Konventionen/Tabus der Erwachsenen bzw. der Gesellschaft besonders lebendig und nachdrücklich vor Augen geführt werden. Das Spiel sollte eingebettet werden in Überlegungen, wie der eklatante Widerspruch zwischen Handlungs- und Bedeutungsebene szenisch umgesetzt werden kann.

❏ *In Szene I,1 geht es scheinbar um Wendlas Kleid und dessen Länge (Handlungsebene). Das Kleid kann als Symbol verstanden werden, welches auf die Bedeutungsebene der Szene verweist. Wie würde der Dialog ablaufen, wenn Wendla und ihre Mutter offen miteinander sprechen würden? Schreiben Sie die Szene um.*

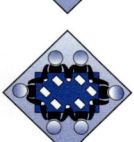

❏ *Sprechen und spielen Sie Ihre Texte.*
❏ *In verschiedenen Szenen der Kindertragödie wird der Unterschied zwischen Handlungsebene und Bedeutungsebene besonders offensichtlich.*
Tragen Sie Beispiele dafür zusammen, indem Sie die Szenen I,1, I,5, II,2, II,3, II,5, III,1, III,5, und III,7 jeweils daraufhin beleuchten: Was wird auf der Bühne gezeigt? Welche existenzielle Problematik verbirgt sich hinter der Aktion?

❏ *Aus welchen Gründen ziehen sich diese beiden Ebenen dermaßen markant durch das gesamte Stück?*
❏ *Wo und warum decken sich Handlungs- und Bedeutungsebene teilweise?*

Die Ergebnisse können folgendermaßen zusammengefasst werden:

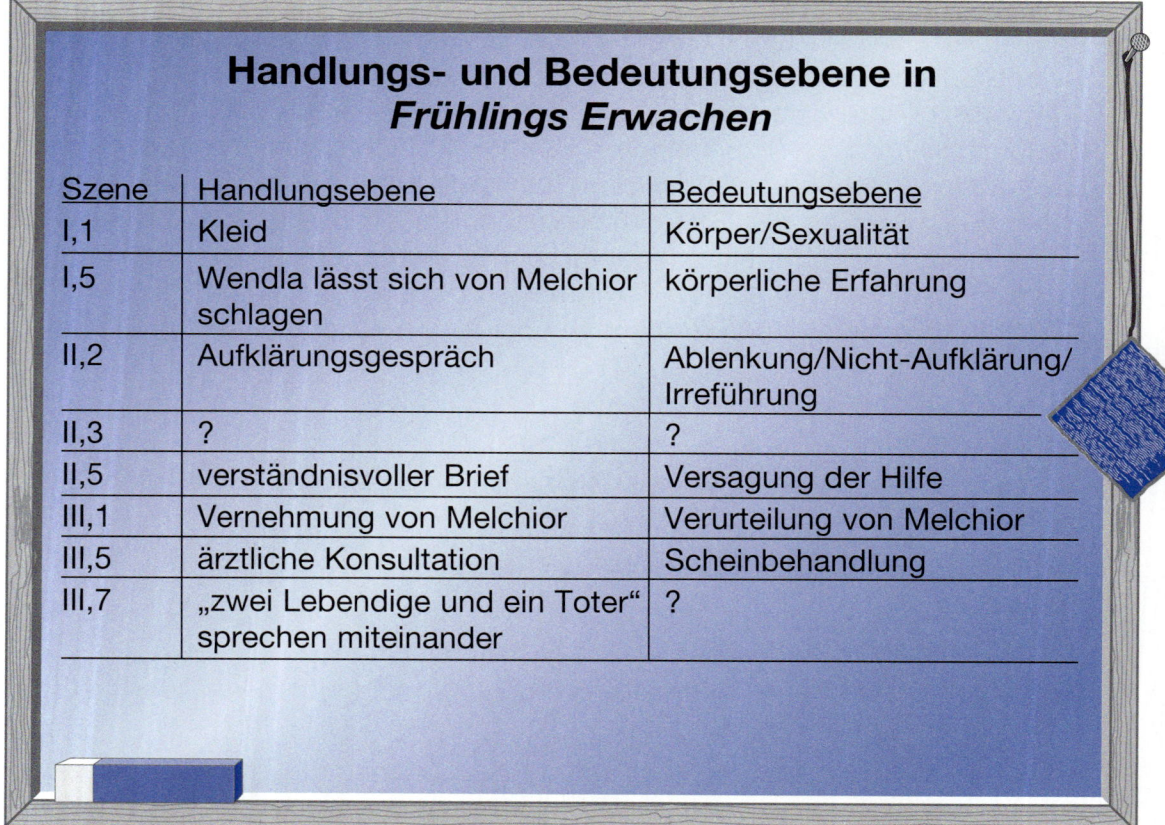

Handlungs- und Bedeutungsebene in *Frühlings Erwachen*

Szene	Handlungsebene	Bedeutungsebene
I,1	Kleid	Körper/Sexualität
I,5	Wendla lässt sich von Melchior schlagen	körperliche Erfahrung
II,2	Aufklärungsgespräch	Ablenkung/Nicht-Aufklärung/ Irreführung
II,3	?	?
II,5	verständnisvoller Brief	Versagung der Hilfe
III,1	Vernehmung von Melchior	Verurteilung von Melchior
III,5	ärztliche Konsultation	Scheinbehandlung
III,7	„zwei Lebendige und ein Toter" sprechen miteinander	?

Im weiteren Verlauf lesen die Schülerinnen und Schüler zunächst den Textauszug aus *Demian* von Hermann Hesse und erhalten anschließend folgende Aufträge:

☐ *Skizzieren Sie kurz, worin sich die von Hesse dargestellten Zwei Welten (Textausgabe, S. 100ff.) voneinander unterscheiden.*

☐ *Inwieweit erkennen Sie auch in Frühlings Erwachen „Zwei Welten"? Beschreiben Sie diese stichwortartig.*

☐ *Welche Konsequenzen ergeben sich für die einzelnen Figuren?*

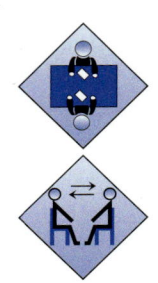

4.2.2 ☐ Lebensversuche Jugendlicher – Grundsätze der bürgerlichen Gesellschaft

Frühlings Erwachen kontrastiert in mehrfacher Hinsicht zwei Welten, nicht zuletzt durch die Gegenüberstellung von jugendlichem Welt-/Lebensverständnis und gesellschaftlichen Konventionen. Die Tafelskizze (s.u.) weist diesen Gegensatz differenziert nach.

Sollte der Text von Stefan Zweig (Textausgabe, S. 103ff.) bisher noch nicht aufgegriffen worden sein, wäre dies für die Analyse von Grundsätzen der bürgerlichen Gesellschaft Gewinn bringend.

Die Tafelskizze zeigt für die letzten beiden Szenen sehr deutlich, dass sich Lebensversuche Jugendlicher durchaus in Einklang mit gesellschaftlichen Konventionen befinden können. Hänschen Rilow deutet das bereits in II,3 an, lässt in der Weinbergszene keinen Zweifel mehr daran. Melchior nimmt wiederum eine Sonderstellung ein und lässt interpretativen Spielraum: Entscheidend bleibt, welchen Realitätsgrad die Lesenden dem Vermummten Herrn zuschreiben. Wird er als „das Leben" gedeutet, hat sicherlich jede/r die Chance, in der bürgerlichen Gesellschaft zu bestehen. Die Eigenleistung liegt darin, „das Leben" zu erkennen und seine Herausforderung (positiv wie negativ) anzunehmen. Lebensversuche, welche diese Eigenleistung implizieren, gelingen, die anderen scheitern.

☐ Frühlings Erwachen *spiegelt weitgehend das Leben in der bürgerlichen Gesellschaft am Ende des 19. Jahrhunderts.*
Stellen Sie (von Jugendlichen z.T. bereits verinnerlichte) Forderungen und Lebens-/Grundsätze dieser Gesellschaft davon abweichenden Lebensversuchen Jugendlicher gegenüber, analysieren Sie also für die einzelnen Szenen: Wie wollen die Jugendlichen leben? – Welche Verhaltensweisen verlangt die Gesellschaft?

☐ *Welche Konsequenzen haben die Lebensversuche Jugendlicher jeweils?*

☐ *Inwieweit bietet die Kindertragödie Beispiele dafür an, dass beide Seiten übereinstimmen können?*

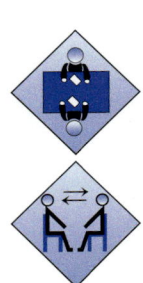

Jugendliche und die Gesellschaft in *Frühlings Erwachen*

Szene	Lebensversuche Jugendlicher	Grundsätze d. bürgerl. Gesellsch.
I,1	Wendlas Wunsch nach einem kurzen Kleid	der Körper muss möglichst vollständig verhüllt werden
I,2	Moritz' Erziehungsvorstellungen Melchiors Hängematte	Erfüllen schulischer Anforderungen
I,3	Marthas Erziehungsvorstellungen	Erziehung = Eingliederung in die bestehende Gesellschaft
I,4	Versuch der Bewältigung schulischer Anforderungen	Kampf um Schullaufbahn
I,5	Melchiors Ablehnung der Konfirmation/Wendlas Bitte um Schläge	Egoismus
II,1	Verständigung über Sexualität	Schweigen über/Verdrängung von Sexualität
II,2	Wendlas Drängen um Aufklärung/Schornsteinfeger	Sexualität = Tabuthema
II,3	Hänschens Onanie auf der Toilette	Sexualität nur im Verborgenen
II,4	Verführung/Vergewaltigung auf dem Heuboden	Jugendliche haben sexuelle Bedürfnisse zu verdrängen
II,5	Flucht aus auswegloser Situation	Bewältigung von „Krisen"
III,1	Verteidigung der eigenen Position	Verweis von „Schuldbeladenen"
III,2	Ilse und Martha schmücken Moritz' Grab	Verdammnis von „Sündern"
III,3	–	Korrektur von „Grundschäden des Charakters"
III,4	Flucht aus inhumaner Institution	Einsperren der „Entartung"
III,5	Versuch, die eigene Situation zu begreifen	Kaschieren von „Fehltritten"
III,6	Hänschen und Ernst wollen „abschöpfen"	
III,7	(Melchior geht mit dem Vermummten Herrn)	

4.2.3 ☐ Tragik – Komik

Ein weiterer Gegensatz resultiert aus dem Zusammentreffen von tragischen und komischen Darstellungselementen.
Die Tafelskizze (s.u.) bündelt die auffälligsten Kollisionen von Tragik und Komik. Der Arbeitsauftrag führt die Lernenden an ein wesentliches Charakteristikum der

Kindertragödie heran: an ihre provokativen Elemente sowohl im inhaltlichen wie auch im formalen Bereich. Einige Dramenmomente wirken makaber, auch Äußerungen Wedekinds zu *Frühlings Erwachen* (vgl. z.B. die Tafelskizze oder Zusatzmaterial 19, S. 103) bleiben angesichts der ernsten Thematik unverständlich. Das Zitat Wedekinds kann zunächst als stummer Impuls an die Tafel geschrieben werden.

Auf der Basis der Tafelskizze kann anschließend ein Unterrichtsgespräch Rezeptionsvarianten bezüglich der erarbeiteten Widersprüche sammeln und erörtern.

❏ *Frühlings Erwachen enthält neben tragischen auch komische Elemente. Oft sind Tragik und Komik unmittelbar verbunden.*
Sammeln Sie Belege dafür, untersuchen Sie vor allem die Szenen II,2, II,3, III,1, III,5 und III,7.
❏ *Wie wirkt diese Kontrastierung von Tragik und Komik (auf Sie)?*
❏ *Beziehen Sie auch die Gattungsbezeichnung des Dramas „Eine Kindertragödie" in Ihre Überlegungen ein.*

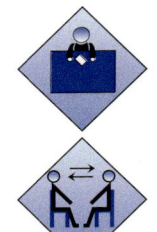

Tragik und Komik in *Frühlings Erwachen*

„Während der Arbeit bildete ich mir etwas darauf ein, in keiner Szene, sei sie noch so ernst, den Humor zu verlieren." (Wedekind)

Szene	Tragik	Komik
II,2	falsche Aufklärung/Irreführung mit Todesfolge	Storch/Mann auf der Straße/ („Ekstase" der Frau Bergmann)
II,3	Ort der Handlung/Angst vor gesundheitlichen Schäden	Hänschens Monolog mit „der Venus"
III,1	Melchiors (Vor-)Verurteilung	Sonnenstichs Sprache/ Fenster/Ventilator etc.
III,5	Wendlas ärztliche Behandlung und Abtreibung	Fräulein Elfriede Baronesse von Witzleben
III,7	Melchiors Verzweiflung	Teile aus Moritz' Äußerungen
...	...	...

Ein weiterer Gegensatz ist in dem Verhältnis von Leben und Tod zu sehen.

4.2.4 ❏ Leben – Tod

Frühlings Erwachen präsentiert – entsprechend den Assoziationen, die dieser Titel weckt – verschiedene Formen des aufblühenden Lebens: z.B. neugierige (Wendla), ängstlich-zögernde (Moritz), kritisch-kämpferische (Melchior) wie egoistisch-geschickte (Hänschen) Haltungen.

In eklatantem Gegensatz zu diesem jungen Leben ist der Tod von der ersten Szene an („Wer weiß – vielleicht werde ich *nicht* mehr sein." 7, 23) gegenwärtig. Moritz Beschreibung in III,7 illustriert die dichte Verwobenheit von Leben und Tod.

Die Tafelskizze (s.u.) veranschaulicht die Beziehungen der Hauptfiguren zu Leben und Tod. Es geht dabei nicht um Vollständigkeit, sondern um die exemplarische, aber exakte Textarbeit.

Die Darstellung könnte (ggf. mündlich) um die Figur des Hänschen Rilow ergänzt werden: seiner Furcht vor gesundheitlichen Schäden durch die Selbstbefriedigung (II,3) steht der ungebrochene Lebenswille (III,6) gegenüber.

Ein abschließendes Gespräch kann Interpretationsansätze für den Dramenausgang sammeln:

Inwieweit mündet *Frühlings Erwachen* in den Tod, inwieweit ins Leben?

Wie eindeutig ist der Dramenschluss?

Wie lässt sich die Ein-/Mehrdeutigkeit des Dramenschlusses im Hinblick auf die Aussage der Kindertragödie bewerten?

Ggf. können die Schülerinnen und Schüler einen eigenen Dramenausgang entwerfen, der sich aus dem Handlungsverlauf rechtfertigen lässt.

❏ *In* Frühlings Erwachen *kämpfen „Leben" und „Tod" miteinander; das zeigt sich besonders an den Hauptfiguren.*
Analysieren Sie (anhand exemplarischer Textstellen) die widerstreitenden Gedanken/Gefühle zu Leben/Tod, wie sie Wendla, Moritz und Melchior äußern.

❏ *Stellen Sie abschließend Betrachtungen darüber an, wie und insbesondere aus welchen Gründen dieser Widerstreit im Dramenschluss aufgelöst wird.*

TOD	LEBEN	DRAMEN-SCHLUSS
Wendla Wer weiß – vielleicht werde ich nicht mehr sein. (7, 23) Ich muss sterben, Mutter. (64, 18)	Wendla Hätt ich geahnt, dass es einem so wohl ums Herz werden kann! (63, 19/20)	Der Vermummte Herr Sie ist lediglich den Abortivmitteln der Mutter Schmidtin erlegen. (72, 22/23)
Moritz Todesangst (12, 15) Wenn ich nicht promoviert worden wäre, hätte ich mich erschossen. (20, 24/25) Ich passe nicht hinein. (39, 18)	Moritz (wenn ich dich nun noch einmal hinausbegleiten könnte!) (74, 29/30)	
Melchior Ich hätte nicht übel Lust, mich in die Zweige zu hängen. (26, 11) Wenn ich einschlage, Moritz, so geschieht es aus Selbstverachtung. (71, 9/10)	Melchior Ich *will* nichts, was ich mir nicht habe erkämpfen müssen! (29, 25/26) Der Vermummte Herr Ich mache dich ausnahmslos mit allem bekannt, was die Welt Interessantes bietet. (72, 25-27)	Melchior Wo dieser Mensch mich hinführt, weiß ich nicht. Aber er ist ein Mensch ... (74, 25/26)

4.3 ☐ Figuren

Für den Bereich der Figuren können sich klassische Formen der textanalytischen Arbeit sowie handlungs- und produktionsorientierte Verfahren sinnvoll ergänzen. Entscheidend bleibt die eingehende Auseinandersetzung mit den Akteuren, ihren Kernaussagen und deren Wirkungen. Dabei darf sich die Aufmerksamkeit nicht nur auf die Hauptfiguren beschränken. Im Hinblick auf den in 3.2 thematisierten Gegensatz zwischen Leben und Tod ist z.B. die Figur der Ilse von großer Bedeutung. Auf die exponierte Stellung von Hänschen Rilow, die bereits in der grafischen Darstellung des Dramenaufbaus sichtbar wird, muss hier nicht mehr hingewiesen werden. In der Mädchenszene wird die Position der Martha hervorgehoben; ihre Nähe zu Moritz wird in II,7 bestätigt. Bemerkenswert ist, dass die scheinbar so unterschiedlichen Mütter Frau Bergmann und Frau Gabor sich letztlich in ihrer (erzieherischen) Wirkung auf ihre Kinder (welche ja in engster Verbindung stehen) einander annähern: Frau Bergmann schickt Wendla in den Tod und will mit der Grabstein-Inschrift den Schein wahren; Frau Gabor willigt ein, Melchior in die Korrektionsanstalt zu geben, nachdem sie selbst ausgesprochen hat: „In der Korrektionsanstalt ist mein Kind verloren." (56, 4/5)

Sämtliche Erwachsene repräsentieren die Gesellschaft und tragen somit das gesellschaftliche Zwangssystem. Das zeigt sich bis in sprachliche Feinheiten: der Jurist, die Gymnasiallehrer, der Pastor, der Medizinalrat, selbst der Anstaltsleiter sprechen in einer ihrer Funktion zukommenden Weise (vgl. in diesem Zusammenhang die Sprache des Vermummten Herrn). Entscheidend für die Tradierung des Systems ist es, dass die Gymnasiasten (als potenzielle zukünftige Funktionsträger) sich ihrerseits in eine ihrer Position angemessene Sprache hineinfinden: Zunächst ist dies ein von klassischer „Ver-Bildung" geprägter Stil; typisch ist, dass er vor allem von Jungen, kaum von Mädchen gepflegt wird. Hänschen Rilow, aus gutem Hause stammend, steht in jeder Hinsicht Inhalten klassischer Bildung nahe, für die Zöglinge der Korrektionsanstalt sieht dies völlig anders aus, allerdings benutzen selbst sie lateinische Bezeichnungen wie „Summa – summa cum laude!!!" (60, 26)

Die Macht und Funktion der Sprache besteht indes nicht uneingeschränkt. Wenn Sexualität ins Spiel kommt, greift zunehmende Sprachlosigkeit; das zeigt sich in der „Aufklärungs-"Szene II,2 (33, 16), vor allem jedoch gegen Ende der Heuboden-Szene und auch in der Korrektionsanstalt. Für die Szene II,2 bietet sich eine ausführliche Sprach- und Gesprächsanalyse an.

Im Bereich der Auseinandersetzung mit den Figuren des Dramas lohnt sich die Nutzung von Schellers Ansatz der szenischen Interpretation (vgl. Literaturverzeichnis). Scheller bietet speziell für *Frühlings Erwachen* eine Fülle faszinierender Ideen, um dem „kognitiven Übergewicht" zu entgehen und den Lernenden eine intensive Einfühlung in die Figuren zu ermöglichen. Die Rollentexte (s. Zusatzmaterial 21, S. 104ff.) können flexibel eingesetzt werden.

Die grafische Darstellung der Figurenkonstellation hat sich unterrichtspraktisch in besonderem Maße bewährt. Die Variationsbreite der Ergebnisse ist ganz erstaunlich, führt zu einer fundierten Analyse des Textes und veranschaulicht Möglichkeiten wie Grenzen individueller interpretativer Leistungen. Die Art und Weise, wie ich meine Strukturskizze zur Figurenkonstellation gestalte, offenbart mein Textverständnis und kann unmittelbar in den Bereich der Gesamtinterpretation überleiten.

4.3.1 ❒ „Figurenbilder"

❒ *Beschreiben Sie das Szenenfoto „Alexander Moissi als Moritz Stiefel" (Textausgabe, S. 91).*

❒ *Welchem Dramenmoment könnte es entsprechen? Benennen Sie exakt eine Textstelle.*
Begründen Sie Ihre Entscheidung am Foto.

Der folgende Arbeitsauftrag wird in einer offenen Kurzversion und einer konkreteren ausführlicheren Fassung angeboten (s. Arbeitsblatt 10, S. 65).

❒ *Wählen Sie eine Textstelle aus der Kindertragödie aus, zu der Sie ein Standbild bauen wollen bzw. die Sie fotografisch umsetzen wollen.*

❒ *Beziehen Sie die dafür entscheidenden Äußerungen der Figuren ein und visualisieren Sie deren (innere/äußere) Haltung so textnah wie möglich.*

❒ *Halten Sie stichwortartig alle für dieses Bild relevanten Details fest, die Sie als Regisseur/in beachten und dem/den Beteiligten erklären müssen.*

❒ *Benennen Sie konkrete weitere Textstellen, auf die sich das Bild bezieht, und erläutern Sie, wie diese sich auf die von Ihnen beabsichtigte Visualisierung auswirken.*

❒ *Einigen Sie sich im Kurs über ein Verfahren zur Auswertung der Bilder.*

4.3.2 ❒ Figurensprache

Für die durch den folgenden Arbeitsauftrag intendierte Gesprächsanalyse wird Szene II,2 vorgeschlagen, weil diese die einzige Szene des Dramas ist, in der eine Konfrontation von jugendlichen Bedürfnissen mit Grundsätzen der Erwachsenen im direkten Gespräch stattfindet. In allen anderen Szenen agieren Jugendliche und Erwachsene getrennt bzw. bleibt es beim Austausch von Belanglosigkeiten; der vermummte Herr nimmt eine Sonderstellung in der Gruppe der Erwachsenen ein. Ausschließlich in II,2 kommt es ansatzweise zu einem echten Gespräch zwischen Vertreterinnen der beiden Gruppen, welches allerdings in einem bis zur Ekstase sich steigernden Akt erstickt wird. Eine Analyse gerade dieses Gesprächs erscheint besonders lohnenswert.

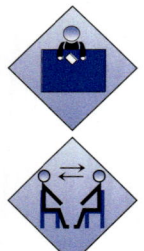

❒ *Analysieren Sie das „Aufklärungsgespräch" zwischen Wendla und ihrer Mutter (II,2) so eingehend wie möglich.*
Berücksichtigen Sie dabei: Inhalt, Gesprächsführung, Gefühlsäußerungen, Beziehung zwischen den Kommunikationspartnerinnen etc.

❒ *Verdeutlichen Sie sich Mimik/Gestik an entscheidenden Punkten des Dialogs (vor dem Hintergrund der existenziellen Bedeutung des Gesprächs für Wendla und ihre Mutter).*

❒ *Vorausgesetzt Sie würden sich darauf vorbereiten, II,2 szenisch darzustellen: Markieren Sie (für eine der beiden Rollen) den Text so, dass Sie gute Hilfestellungen fürs Spielen erhalten. Wählen Sie dazu verschiedene Farben oder die Form eines Regiebuches:*

Ein Standbild bauen

 Erarbeiten Sie zu Szene I,4 ein Standbild, aus dem Moritz' Verfassung und/oder die Reaktion seiner Mitschüler abzulesen ist.

Was ist ein Standbild?

Ein Standbild gleicht einer fotografischen Momentaufnahme. Es löst einen Handlungsverlauf in ein Einzelbild auf, in dem ein zentrales Motiv erkennbar wird. Es stellt darüber hinaus den Charakter von Figuren sowie das Verhältnis zwischen ihnen dar. Es wird zunächst nicht mit Worten erklärt und gedeutet, sondern das Bild spricht für sich.

Wie wird ein Standbild gebaut?

Der Kurs wird in zwei Gruppen aufgeteilt.
1. Lesen Sie gemeinsam die Szene. Halten Sie dabei fest, worum es inhaltlich zentral geht. Überlegen Sie, wie das Verhältnis der auftretenden Figuren zueinander gestaltet ist. Formulieren Sie weitere Eindrücke: Gestik, Mimik, Körperhaltungen …
2. Die Gruppe teilt sich auf in Darstellende und „Standbildbauende". Bei der Auswahl der Darsteller/innen ist es nicht zwingend notwendig, dass Jungen Männerrollen und Mädchen Frauenrollen einnehmen. Allerdings sollte die Auswahl der Darstellenden in Bezug auf die darzustellenden Figuren nicht völlig konträr ausfallen (Körper, Statur etc.).
3. Die Darstellenden werden, gemäß den Vorüberlegungen, von den Standbildbauenden in Positionen gebracht und „geformt", ohne selber gestaltend einzugreifen. Dabei werden Körperhaltungen und Figurenkonstellationen so lange formend verändert, bis das Bild dem entspricht, was ausgedrückt werden soll.
4. Das endgültige Standbild wird „eingefroren" und die Darstellenden prägen sich ihre Positionen ein, sodass im Plenum das Standbild wieder aufgerufen werden kann.

Was sollte dabei beachtet werden?

Ruhe und Konzentration sind beim Erstellen von Standbildern wesentliche Voraussetzung, da das Gestalten Interpretationsarbeit ist, die detailgenaue Formarbeit abverlangt. Die Darstellenden sollten sich ihrer Funktion als passives „Material" stets bewusst bleiben und nicht eigenmächtig Haltungen einnehmen, verändern oder vorwegnehmen, da sich dies störend auf die Interpretation der Konstruierenden auswirkt.

Wie wird ein Standbild besprochen?

Im Plenum werden die Standbilder nacheinander aufgebaut. Nach jedem Bild beschreiben die nichtbeteiligten Schülerinnen und Schüler, was sie sehen und was das Bild für sie ausdrückt. Dabei können sie das Standbild auch verändern und formen, um ihre Deutung zu veranschaulichen. Die Darstellenden verbleiben für die Dauer der Deutung in ihren Haltungen.
In einem zweiten Schritt erläutert die darstellende Gruppe ihr Ergebnis.

Viel Spaß!

EinFach Deutsch: Unterrichtsmodell: Frühlings Erwachen. © Verlag Ferdinand Schöningh, 2000

Szene II,2 – Ein Regiebuch

Rolle	Text	Sprech- und Spielanweisungen
...	...	...

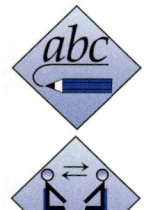

❏ *Schreiben Sie eine Passage aus* Frühlings Erwachen *in Ihre eigene GESPRO-CHENE Sprache um, z.B. Moritz' Monolog kurz vor seinem Tod (II,7).*
❏ *Vergleichen Sie anschließend beide Texte miteinander.*
❏ *Beschreiben Sie die Sprache der Jugendlichen in* Frühlings Erwachen. *Wodurch wird das Sprachverhalten der Figuren beeinflusst?*
❏ *Erkennen Sie Einflüsse auf Ihre Sprache/Ihr Sprachverhalten?*

4.3.3 ❏ Figurenkonstellation

Der folgende Arbeitsauftrag kann sich unter anderem auf die Kategorien

- Jugendliche – Erwachsene
- Jungen – Mädchen
- konform – nonkonform
- erfolgszuversichtlich – misserfolgsängstlich

beziehen. Eine zu hohe Zahl von Gruppen sollte der Übersichtlichkeit halber vermieden werden. In der Figurengruppierung kommt wieder deutlich die Gegensatzstruktur des Dramas zum Vorschein (vgl. Baustein 4.2).

❏ *Nach welchen Gesichtspunkten lassen sich die Figuren in* Frühlings Erwachen *gruppieren?*
Verdeutlichen Sie sich die Figurenkonstellationen in den einzelnen Szenen. Wer tritt mit wem auf?
Welche Konfigurationen gibt es nicht?
❏ *Inwieweit können Sie aus Ihren Überlegungen Schlussfolgerungen für eine Gesamtinterpretation der „KINDERtragödie" ableiten?*

Der nachfolgende Arbeitsauftrag (s. Arbeitsblatt 11, S. 67) nimmt bisherige Analyseergebnisse auf und kann zu einer Gesamtinterpretation der Kindertragödie überleiten.
Die dem Auftrag angefügte Zusammenstellung der Figuren kann sowohl auf Folie als auch auf Papier fotokopiert werden; ausgeschnitten ermöglichen die Figurenkästchen dann das Sich-Herantasten an eine immer besser durchdachte eigene Darstellungsvariante. Selbstverständlich müssen nicht alle Kästchen berücksichtigt werden; das Zusammenfassen von Figuren zu Gruppen erhöht die Übersichtlichkeit.
Es soll nicht unerwähnt bleiben, dass andere Textausgaben leicht veränderte Personenverzeichnisse enthalten (in denen z.B. noch „Winzerinnen" und „Winzer" auftauchen) bzw. dass Wedekind ganz auf ein solches verzichtet hat. „Mutter Schmidtin" wurde hier in Klammern gesetzt, da sie nicht auf der Bühne erscheint.

Strukturskizze zum Personenverzeichnis

Entwerfen Sie eine Strukturskizze, in welcher Sie die Figuren der Kindertragödie in eine Beziehung zueinander setzen.

Wählen Sie zunächst ein inhaltliches Ordnungskriterium, das Sie für die Verortung der Figuren als tragfähig und sinnvoll erachten.

In der grafischen Gestaltung bestehen keinerlei Einschränkungen; Ihre Darstellung sollte jedoch so übersichtlich und plausibel bleiben, dass Sie sie dem Kurs gut präsentieren können. Schneiden Sie zu diesem Zweck die Kästchen aus und gruppieren Sie die Figuren in übersichtlicher Form auf einem DIN-A4-Blatt, das sie zusätzlich beschriften können.

Melchior Gabor	Herr Gabor	Frau Gabor	Wendla Bergmann
Frau Bergmann	Ina Müller	Moritz Stiefel	Rentier Stiefel
Otto	Robert	Georg Zirschnitz	Ernst Röbel
Hänschen Rilow	Lämmermeier	Martha Bessel	Thea
Ilse	Rektor Sonnenstich	Hungergurt	Knochenbruch
Affenschmalz	Knüppeldick	Zungenschlag	Fliegentod
Habebald	Pastor Kahlbauch	Ziegenmelker	Onkel Probst
Diethelm	Reinhold	Ruprecht	Helmuth
Gaston	Dr. Prokrustes	Schlossermeister	Dr. v. Brausepulver
Vermummter Herr	(Mutter Schmidtin)		

4.3.4 ☐ Strukturskizze zum Personenverzeichnis – Vorschlag

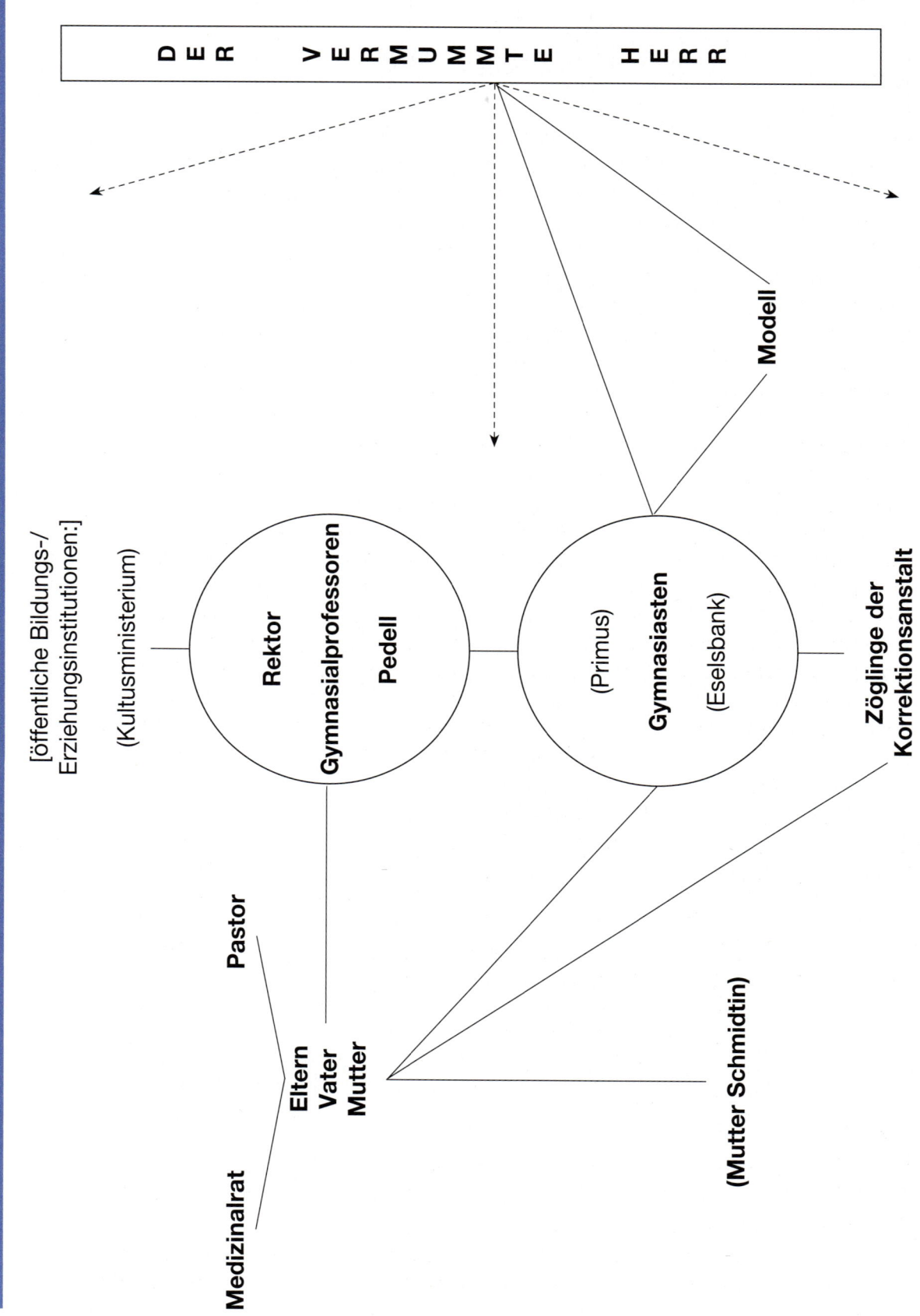

4.4 ☐ Gesamtinterpretation

Die Frage „Worum geht es eigentlich in *Frühlings Erwachen*" sollte nicht nur zu Beginn der Unterrichtsreihe, sondern nochmals im Rahmen der Gesamtinterpretation des Textes gestellt werden. Interessant wäre sicherlich ein Vergleich der Antworten, die die Schülerinnen und Schüler am Anfang und am Ende der Auseinandersetzung mit der Kindertragödie gegeben haben.

Eine Orientierung an der Intention Wedekinds darf nicht überschätzt werden: Zu widersprüchlich sind seine Äußerungen, zu verschwommen die autobiografischen Spuren, zu komplex die Dramenthematik, als dass hier klare Antworten erwartet werden könnten. In dieser Hinsicht lässt Wedekind für die Lesenden ebenso viele Fragen offen, wie der Vermummte Herr für Moritz und Melchior. Trotzdem sollten Wedekinds Kommentare zu *Frühlings Erwachen* (s. Zusatzmaterial 19, S. 103) gewürdigt werden.

Verlassen wir uns jedoch in erster Linie auf unsere eigene gründliche Lektüre und gewissenhafte Analyse: Welches sind die Kernaussagen der Kindertragödie? Gemeint sind Sätze von allgemeiner Bedeutung, die die Haltungen der Figuren zum Leben in den gegebenen gesellschaftlichen Rahmenbedingungen zum Ausdruck bringen (s. Zusatzmaterial 20, S. 103). Das Auffinden dieser (oder anderer) Kernaussagen kann natürlich arbeitsteilig geschehen (nach Szenen oder Figuren differenziert); nehmen wir jedoch den Ansatz der lebensgeschichtlich akzentuierten Textrezeption (Baustein 5) ernst, müsste allerdings jede/r für sich beurteilen, was als Kernaussage gelten kann und was nicht. Der zweite Lesedurchgang kann eine Schwerpunktsetzung im Bereich der Kernaussagen vornehmen.

Damit wäre der Weg für das Formulieren einer eigenen Interpretationshypothese geebnet. Hierfür sollten neben den nach inhaltlicher Relevanz geordneten Kernaussagen alle Teilergebnisse der bisherigen Arbeit herangezogen werden. Von Beginn der Reihe an sollten die Schülerinnen und Schüler darauf achten, ihre Aufzeichnungen so zu gestalten, dass ihnen die Erkenntnisse zu den einzelnen Analyseaspekten stets präsent sind: Sie müssen nun gebündelt, kritisch beleuchtet, ggf. nochmals hinterfragt und in eine Deutung integriert werden. Eine zusätzliche Schwierigkeit ergibt sich daraus, dass die eigene Interpretationshypothese möglichst kurz und präzise formuliert werden soll. Sie muss sich konkret am Text belegen lassen und der „kommunikativen Prüfung" in der Lerngruppe standhalten. Sind die eigenen Hypothesen – ggf. durch begründete Modifizierungen – „verifiziert", können Interpretationsansätze aus der Sekundärliteratur herangezogen werden (s. Arbeitsblatt 12, S. 71). Das Abgleichen mit den eigenen Deutungen ermöglicht eine sinnvolle Gesamtinterpretation auf hohem inhaltlichen Niveau.

Nicht unberücksichtigt bleiben sollte zum Abschluss die individuelle Bewertung der Aktualität von *Frühlings Erwachen.*

Der nachstehende Arbeitsauftrag greift die Wedekind-Kommentare aus Zusatzmaterial 19 auf.

☐ *Inwieweit besitzen die Äußerungen von Wedekind interpretative Kraft für Frühlings Erwachen?*

Der nächste Arbeitsauftrag intendiert die (individuelle) Suche nach „Kernaussagen" des Dramas. Beispiele für solche Aussagen präsentiert Zusatzmaterial 20.

☐ *Was sind nach Ihrer Auffassung die „Kernaussagen" der Kindertragödie?*
☐ *Inwieweit lassen sich diese „Kernaussagen" inhaltlich gruppieren und zusammenfassen?*

❑ *Formulieren Sie Ihre eigene Interpretationshypothese zu* Frühlings Erwachen *in einem Satz.*

❑ *Prüfen Sie diese am Text: Inwieweit berücksichtigt die Interpretationshypothese die von Ihnen gewählten „Kernaussagen"?*

❑ *Tauschen Sie sich mit einer Partnerin/einem Partner über Ihre Ergebnisse aus.*

Notizen

_____

_____

_____

_____

_____

_____

_____

_____

_____

_____

_____

_____

_____

_____

_____

_____

_____

_____

_____

_____

_____

_____

_____

Interpretationsansätze

Interpretationsansätze zu *Frühlings Erwachen*

- *Frühlings Erwachen* präsentiert keine Lösung.

- *Frühlings Erwachen* übt Kritik an Jugendlichen wie Erwachsenen.

- Wedekind will mit *Frühlings Erwachen* „zum Leben verführen".

- „Bei aller Liberalisierung der Erziehungsmethoden in Familie und Schule seit der Entstehung des Stückes scheint dieses einen fast zeitlosen Kernbestand an sozialpädagogischen Problemen zu enthalten, die auch heute noch nicht völlig gelöst sind." (Bekes, 1988, 8)

- „In den Kinderfiguren ‚reproduzieren sich bürgerliche Verhaltensweisen und Moralvorstellungen'" (Rothe, 1969, 37, zit. n. Pickerodt, 1993, 33)

- „[...] bleibt die Antinomie von natürlichem Lebensdrang, Vitalität einerseits und gesellschaftlich notwendiger Moralität andererseits im Kern ungelöst." (Epochen der deutschen Literatur, 1989, 358/359)

- Die häufigen Sonderformen sexuellen Verhaltens entstehen durch die geforderte Verdrängung natürlicher Partnerbeziehungen.

- „Was *Frühlings Erwachen* vorführt, ist ein Stück *verkehrte Welt*. Die Jugendlichen benehmen sich wie Erwachsene, das Verhalten der Ewachsenen wirkt dagegen ausgesprochen kindisch." (Spittler, 1999, 36)

❒ *Nehmen Sie Stellung zu den oben aufgeführten Interpretationsansätzen, die z.T. von Schülerinnen und Schülern formuliert wurden.*

❒ *Inwieweit lassen sie sich am Text konkret belegen?*

❒ *In welchem Maße berücksichtigen diese Interpretationsansätze die von Ihnen gewählten „Kernaussagen"?*

Aktualitätsprofil
Frühlings Erwachen

	aktuell	zum Teil noch aktuell	nicht mehr aktuell
Eltern/Erwachsene/ Generationskonflikt			
Erziehung			
Freundschaft			
Gesellschaft			
Glaube/Religion/ Kirche			
Leben			
Lebensstil			
Liebe			
Pubertät			
Schule			
Selbstmord			
Sexualität			
sexuelle Aufklärung			
Tod			
ungewollte Schwangerschaft/Abtreibung			
…			
…			
…			

❒ *Welche Aktualität messen Sie* Frühlings Erwachen *bei?
Begründen Sie Ihr Ergebnis und tragen Sie es dem Kurs vor.*

❒ *Ergänzung:
Erstellen Sie ein „Aktualitätsprofil" für* Frühlings Erwachen, *indem Sie der Kindertragödie nach Ihrem persönlichen Ermessen Werte in der oben stehenden – erweiterungsfähigen – Tabelle zuordnen. Versehen Sie das Feld, für welches Sie sich jeweils entscheiden, mit einem Stichwort zur Legitimation Ihrer Einschätzung.*

72

EinFach Deutsch: Unterrichtsmodell: Frühlings Erwachen © Verlag Ferdinand Schöningh, 2000

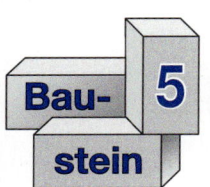

Biografische Rezeption von Frühlings Erwachen

Das Konzept „Biografisches Lernen" (vgl. Literaturverzeichnis: Rogal, 1999) intendiert einen besonders intensiven Austausch zwischen dem lernenden Subjekt und dem Sachinhalt. Die konkrete Lebensgeschichte der einzelnen Schülerin/ des einzelnen Schülers wird in die unterrichtliche Arbeit einbezogen.

Im Folgenden werden Grundgedanken biografischen Lernens skizziert, zunächst auf den Literaturunterricht allgemein, dann auf *Frühlings Erwachen* im Besonderen bezogen. Die Impulse und Materialien dieses Bausteins setzen die Idee biografischen Lernens direkt um.

1. „Biografisches Lernen" kann definiert werden als durch den Bezug eines Sachinhalts auf Aspekte der eigenen Lebensgeschichte sich ergebende Reflexions- und Erkenntnisprozesse.

2. Biografische Selbstreflexion kann anspruchsvolle Impulse aus der Literatur beziehen.

3. Ein literarisches Motiv kann sich in der Lebensgeschichte des lernenden Subjekts spiegeln.

4. Biografisches Lernen muss sich auf eine Exploration von Kernideen konzentrieren.

5. Viele literarische Motive besitzen für die Lernenden einen Inhalts- und einen biografischen Aspekt, derart, dass Letzterer den Ersteren in seiner Aneignung bestimmt.

6. Subjektorientiert-existenzielle und abstrakt-analytische Annäherungen an den literarischen Text, eigene und fremde Interpretationsansätze können sich sinnvoll ergänzen.

7. Biografisches Lernen involviert Kopf, Herz und Hand(lung).

8. Schülerinnen und Schüler entdecken aus ihrer lebensgeschichtlich geprägten Perspektive heraus Möglichkeiten und Leistungen der Literatur bzw. der Literaturinterpretation.

9. Biografisches Lernen kann jungen Menschen wertvolle Orientierungshilfen bieten, die sich dadurch auszeichnen, dass ihre Bezugspunkte im jeweiligen Subjekt liegen.

10. Biografisches Lernen beabsichtigt eine integrierte Förderung von Sach-, Selbst- wie Sozialkompetenz.

11. Biografisches Lernen darf weder ignoriert noch überbetont, sondern sollte als *ein* Beitrag zu subjektorientiertem Unterricht anerkannt werden.

73

1. Hier stellt *Frühlings Erwachen* den Sachinhalt dar. Die Schülerinnen und Schüler sollten angeregt werden, ihnen wesentliche Aspekte des Textes so eng wie möglich an eigene Erfahrungen anzubinden. Dabei kommt es zunächst weniger auf Ergebnisse als vielmehr auf den Dialog zwischen Rezipient/in und Text an.

2. Literatur präsentiert „Fallstudien", zeigt menschliches Leben im Kontext historischer und gesellschaftlicher Bedingungen. Jede Rezeption verweist auf „eigenes Leben". Nachdenken über den Text ist stets Nachdenken über sich selbst; dies sollte bewusst geschehen.

3. In der sog. „Schuldichtung" findet sich eine ganze Reihe von Themen mit hohem existenziellem Wiedererkennungswert für die Schülerinnen und Schüler; sie alle betreffen die Auseinandersetzung von Jugendlichen mit eigenen Entwicklungsaufgaben sowie gesellschaftlichen Forderungen.

4. Eine biografisch akzentuierte Analyse von *Frühlings Erwachen* könnte einen der folgenden Aspekte ins Zentrum rücken: Eltern/Erwachsene/Generationskonflikt, Erziehung, Freundschaft, Gesellschaft, Glaube/Religion/Kirche, Leben, Lebensstil, Liebe, Pubertät, Schule, Selbstmord, Sexualität, sexuelle Aufklärung, Tod, ungewollte Schwangerschaft/Abtreibung. Der individuell gewählte Aspekt muss auf seine interpretative Kraft für den literarischen Text wie für die eigene Lebens*geschichte* geprüft werden.

5. In *Frühlings Erwachen* geht es von der ersten bis zur letzten Szene um „das Leben", das in III,7 sogar personifiziert auf der Bühne erscheint. Die Lernenden müssen die Möglichkeit erhalten, sich eigene Positionen zu diesem „Motiv" bewusst zu machen, sie zu verbalisieren, reflektieren, sich darüber auszutauschen. So erarbeiten sie sich eine individuelle und fundierte Grundlage für das wirkliche Verständnis und die Interpretation des Textes.

6. Die eigenen Schulerfahrungen z.B. können lebendige Zugänge zu *Frühlings Erwachen* eröffnen; die These, dass im Drama die Schule für die Gesellschaft steht, kann eine neue Perspektive erschließen, welche sowohl Textrezeption als auch Bewertung eigener Erfahrungen bereichert.

7. Kognitive Dimension: Analyse und Interpretation des literarischen Textes unter Berücksichtigung sowohl formaler Elemente als auch von Positionen der Sekundärliteratur. Affektive Dimension: Klärung der Eigenarten individueller Rezeption (Warum verstehe *ich* den Text auf *diese* Weise?). Handlungsorientierte Dimension: Ggf. existenzielle Schlussfolgerungen (gedanklich oder konkret).

8. Literatur, auch wenn sie aus dem 19. Jahrhundert stammt, muss nichts Fremdes, Unzugängliches, Unverständliches sein. Ich kann sie sogar in eine direkte Beziehung zu mir und meiner aktuellen Lebenssituation setzen. Dazu ist es allerdings erforderlich, sich beiden Seiten dieser Beziehung eingehend zu widmen.

9. Es wird keine Standardinterpretation für alle Lesenden und Lernenden angestrebt, sondern eine jeweils begründete individuelle Haltung sowohl zum Text selbst als auch zum Text in seiner konkreten Bedeutung für Vergangenheit, Gegenwart, Zukunft der/des Rezipierenden.

10. Sachkompetenz: Vertieftes Verständnis des Textes. Selbstkompetenz: Engagierte Reflexion der persönlichen Relevanz literarisierter Probleme. Sozialkompetenz: Dialog über den Text, seine Problematik und Rezeptionsvarianten in ihrer lebensgeschichtlichen Bedingtheit.

11. Im Falle der unterrichtlichen Erarbeitung von *Frühlings Erwachen* kann es um eine Sensibilisierung für das „biografische Potenzial" des Textes gehen: Welche Bedeutung besitzen meine persönlichen Erfahrungen für die Rezeption? Bin ich durch die Lektüre zu einer für mich wichtigen Einsicht gelangt?

Bei der Umsetzung des Konzepts biografischen Lernens sollten folgende Aspekte Berücksichtigung finden:

Den Schülerinnen und Schülern muss der Anspruch dieser Art des Arbeitens bewusst gemacht werden. Es liegt ein Kommunikationsmodell zugrunde, das der Seite der/des Rezipierenden besondere Aufmerksamkeit widmet; hier wird nicht „die Leserin"/„der Leser" von *Frühlings Erwachen* einheitlich vorausgesetzt, sondern der individuellen Rezipientin/dem individuellen Rezipienten die Möglichkeit eingeräumt, eigene lebensgeschichtliche Besonderheiten in den Austausch mit dem Text einfließen zu lassen.

Die derart vertiefte Rezeption ist zeitintensiv und erfordert verschiedene Reduktionsentscheidungen. Eine lebensgeschichtlich orientierte Analyse kann z.B. von einer einzigen Textstelle der Kindertragödie sowie einer entscheidenden Lebenserfahrung der/des Lesenden ausgehen.

Biografisch orientierter Unterricht bietet punktuell die Möglichkeit zu besonderer Individualisierung des Lernens. Es liegt die Form der Freiarbeit nahe, in der sich die Schülerinnen und Schüler weitestgehend selbst bestimmt verschiedenen Impulsen zum Sachinhalt widmen. Auf den folgenden Seiten werden mehrere Arbeitsaufträge angeboten, die dazu anregen sollen, *Frühlings Erwachen* aufs Engste damit zu konfrontieren, was der Leserin/dem Leser hier und jetzt wichtig ist. Beide Seiten dieses Kommunikationsprozesses werden von einer solchen Begegnung profitieren: durch genaues Hinschauen, Analysieren, kritisches Befragen und Interpretieren.

Sofern persönliche lebensgeschichtliche Momente verschriftlicht werden, ist der „Datenschutz" zu wahren. Niemand darf dazu aufgefordert werden, Vertrauliches vor der Lerngruppe zu äußern.

Ideal wäre es, wenn für Phasen biografischen Lernens die übliche Sitzordnung etwas gelockert werden könnte. Teilweise lassen sich die Schreibaufträge in die Hausarbeit verlagern.

Insgesamt sollten die Schülerinnen und Schüler für ihre lebensgeschichtlich orientierte Rezeption von *Frühlings Erwachen* die größtmögliche Freiheit erhalten. Die persönlich Gewinn bringende Auseinandersetzung mit dem Text kann äußerst vielfältige Formen annehmen und lässt sich nicht kollektiv reglementieren.

5.1 ☐ Biografische Selbstreflexion von Schulerfahrungen

Im Baustein 5.1 werden vier Übungen zur biografischen Selbstreflexion von Schulerfahrungen angeboten. Den Schülerinnen und Schülern wird die Möglichkeit eröffnet, methodisch angeleitet über diesen entscheidenden Aspekt ihrer bisherigen Lebensgeschichte nachzudenken. Die Übungen beziehen sich weder auf *Frühlings Erwachen* noch auf andere Unterrichtsinhalte. Bezugsgegenstand der Überlegungen ist ausschließlich die eigene Erfahrung. Lediglich die erste Übung (s. Arbeitsblatt 14 und 15, S. 76 und 77) deckt sich formal mit den Schul-Bild-Analysen aus Baustein 2.2 (s. Zusatzmaterialien 6-9, S. 89–92). Denkbar wäre es, den Lernenden alle vier Übungen anzubieten, um sie eine daraus auswählen zu lassen. Inwieweit es auf der Grundlage eigener Überlegungen zum Austausch kommt, sollte von den Bedingungen des Kurses und der Bereitschaft der Lernenden abhängig gemacht werden.

Ziel sollte es sein, dass die Schülerinnen und Schüler ihre eigenen Erkenntnisse schriftlich/grafisch fixieren, um sich somit eine solide Grundlage für die biografische Reflexion ausgewählter Textstellen (Baustein 5.2) zu erarbeiten, welche über eine oberflächliche Einschätzung der Kindertragödie hinausgeht.

Wie erlebe ich die Schule?

Beantworten Sie die nachstehenden Fragen so ausführlich wie möglich. Denken Sie zunächst in Ruhe nach.
Sie können Beispiele nennen und „Szenen" schildern. Sie können positive und/oder negative Erfahrungen darstellen.
Es ist sinnvoll, die Fragen für eine bestimmte Schulstufe aus der Vergangenheit oder Gegenwart zu bearbeiten.

1. Wie erlebe ich meine **Lehrerinnen und Lehrer**?

2. Wie stufe ich die **Stoffmenge**, die ich zu bearbeiten habe, ein?

3. Welchen Sinn haben unterrichtliche **Lerninhalte** für mein Leben?

4. Wie beurteile ich die von meinen Lehrerinnen und Lehrern angewandten **Lehrmethoden** (d.h. die Art der Vermittlung von Lerninhalten)?

5. Wie wirken **Prüfungen** (Klausuren etc.) auf mich?

6. Welche Rolle spielen meine **Mitschülerinnen und Mitschüler** für mich?

7. Wie sehe ich unsere **Schuleinrichtung**?

8. Falls es bei uns eine auffallende **„Schulkleidung"** gibt, welche Funktion hat sie?

9. Inwieweit nehmen meine **Eltern** Einfluss auf schulische Angelegenheiten?

10. Wie prägt die **Kirche** meine Schulzeit?

11. Welche Forderungen stellen der **Staat** bzw. die **Gesellschaft** an mich als Schüler/in?

12. Welche Bedeutung besitzt die **Schule insgesamt** für mich?

13. Wie bestimmen diese Faktoren mein **persönliches Schulerleben**, meine Einstellung gegenüber der Schule?

EinFach Deutsch: Unterrichtsmodell: Frühlings Erwachen. © Verlag Ferdinand Schöningh, 2000

Schul-Bild

Formulieren Sie Ihr ganz persönliches Schul-Bild, indem Sie Ihre Position zu den in der Grafik genannten Aspekten jeweils auf eine entscheidende Aussage bringen.

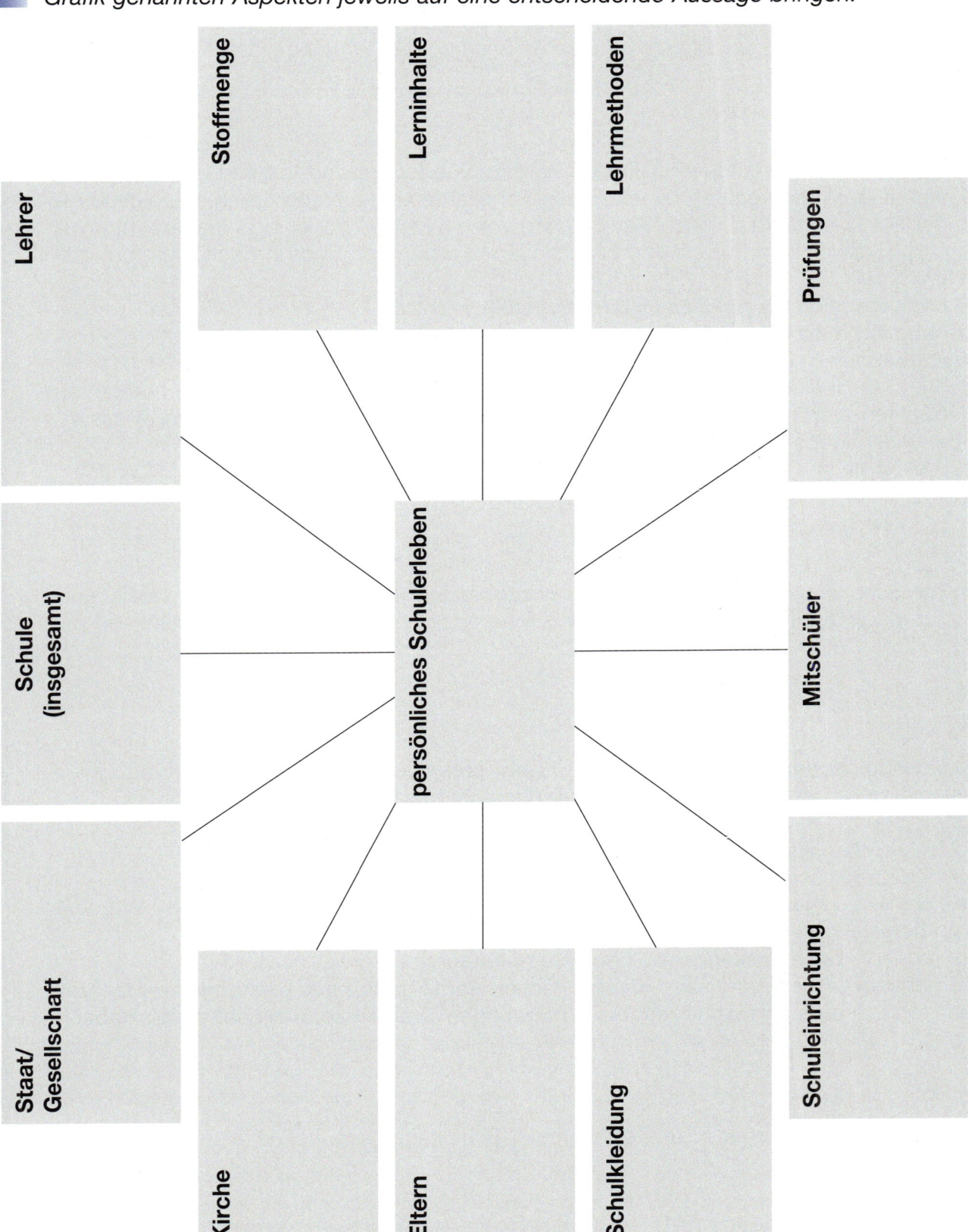

Deutsch: Unterrichtsmodell: Frühlings Erwachen, © Verlag Ferdinand Schöningh, 2000

Schul-„Karriere"

Ziel:

Sich den Verlauf der eigenen Schulzeit [bis zum heutigen Tag], Erfolge, Krisen, Gefühle im
Überblick vergegenwärtigen, um ein genaueres Bild von den Wirkungen der Schulerfahrungen zu erhalten.

Durchführung:

Die Teilnehmer/innen nehmen ein DIN-A4-Blatt im Querformat und tragen in der Mitte des
Blattes auf einer Waagerechten die einzelnen Schuljahre ein (eventuell auch das eigene Al-
ter). In der Senkrechten am linken Rand Ziffern von +3 bis -3, wobei die Waagerechte Null
bedeutet. [...] Jede/r nimmt sich drei verschiedene Farben und trägt in das Diagramm drei
Linien ein:
– Wie habe ich mich (damals) im Unterricht gefühlt?
– Wie habe ich mich in der/den Beziehung/en zu anderen Schüler/inne/n gefühlt?
– Wie waren meine „objektiven" Leistungen?
Die Bedeutung der Farben wird mit einem Stichwort an der Linie notiert. An markanten
Wendepunkten werden Ereignisse (zum Beispiel neue Schule, sitzengeblieben, Klassen-
fahrt) dazugeschrieben.
(Zeit: 20 Min.)

Variante:

Sofern die Schulzeugnisse vorliegen, kann die „objektive" Linie mit ihrer Hilfe erstellt werden. Oder jede/r zeichnet die Linie aus der Erinnerung und vergleicht sie anschließend mit
den wirklichen Daten.

Auswertung:

Anhand der folgenden Fragestellungen [...] geht jede/r kurz für sich (10 Min.) die Linien
noch einmal durch. Anschließend erfolgt der Austausch in Kleingruppen.
Fragestellungen:
– Wie stehen die Linien zueinander?
– Kritische Ereignisse/Wendepunkte – was war in der Zeit mit mir? Wie ging es mir?
– Wie kam es zu meinem Entschluss, zum Beispiel auf diese Schule zu gehen? Wer war
  daran beteiligt?
– Wie habe ich die verschiedenen Schulen empfunden?
– Wie mussten Lehrer/innen sein, damit ich keine Angst hatte, gute Leistungen erbrachte?
– Wenn ich [...] an meine Schulzeit [bis zum heutigen Tag] denke, wie geht es mir dabei?

Material:

Papier, Stift, Buntstifte oder Filzstifte, eventuell Schulzeugnisse, vervielfältigter Fragenka-
talog.

Aus: Herbert Gudjons, Marianne Pieper, Birgit Wagener: Auf meinen Spuren. Das Entdecken der eigenen Lebensgeschichte. Vorschläge und
Übungen für pädagogische Arbeit und Selbsterfahrung. Hamburg: Bergmann und Helbig, 5. Aufl. 1999, S. 175/176 (leicht verändert)

EinFach Deutsch: Unterrichtsmodell: Frühlings Erwachen. © Verlag Ferdinand Schöningh, 2000

Meine Schulzeit

Versuchen Sie, Ihre bisherigen Erfahrungen mit Schule mit sechs Begriffen zu charakterisieren, und tragen Sie diese in die Kästchen ein:

Formulieren Sie nun mit jedem dieser Begriffe einen Satz, der Ihre Erfahrungen auf den
Punkt bringt:

Wenn Sie Lehrer/in wären, welche Konsequenzen würden Sie aus Ihren Überlegungen
ziehen? – Notieren Sie Stichpunkte:

Setzen Sie sich nun in Gruppen zusammen und diskutieren Sie über die in den Begriffen und Sätzen sowie in den Konsequenzen deutlich gewordenen Erfahrungen mit
Schule und die vorgeschlagenen Konsequenzen.

Aus: Phoenix. Der etwas andere Weg zur Pädagogik. Band 2. Hg.: Heinz Dorlöchter u.a.: Paderborn: Schöningh 1997, S. 510 (leicht gekürzt)

Mindmap „Meine Schulzeit"

Entwerfen Sie eine Mindmap „Meine Schulzeit".
Wie eine Mindmap aussehen kann, entnehmen Sie dem unten gezeigten Beispiel.
Überlegen Sie sich eine eigene Form, die dem, was Sie ausdrücken wollen, nahekommt.
Überstürzen Sie nichts: Was ist wirklich wichtig? Was sind die Hauptäste, was die Nebenäste? Was kann wegbleiben?
Ihre Mindmap darf nicht unübersichtlich werden! Bedenken Sie: Eine Mindmap kann nie „perfekt" sein, enthält manchmal unvermeidliche Überschneidungen etc.
Sind Sie mit Ihrer Mindmap zufrieden? Dann beschreiben Sie, warum Sie was wie dargestellt haben.

Eine Mind Map zum Mind Mapping[1]:

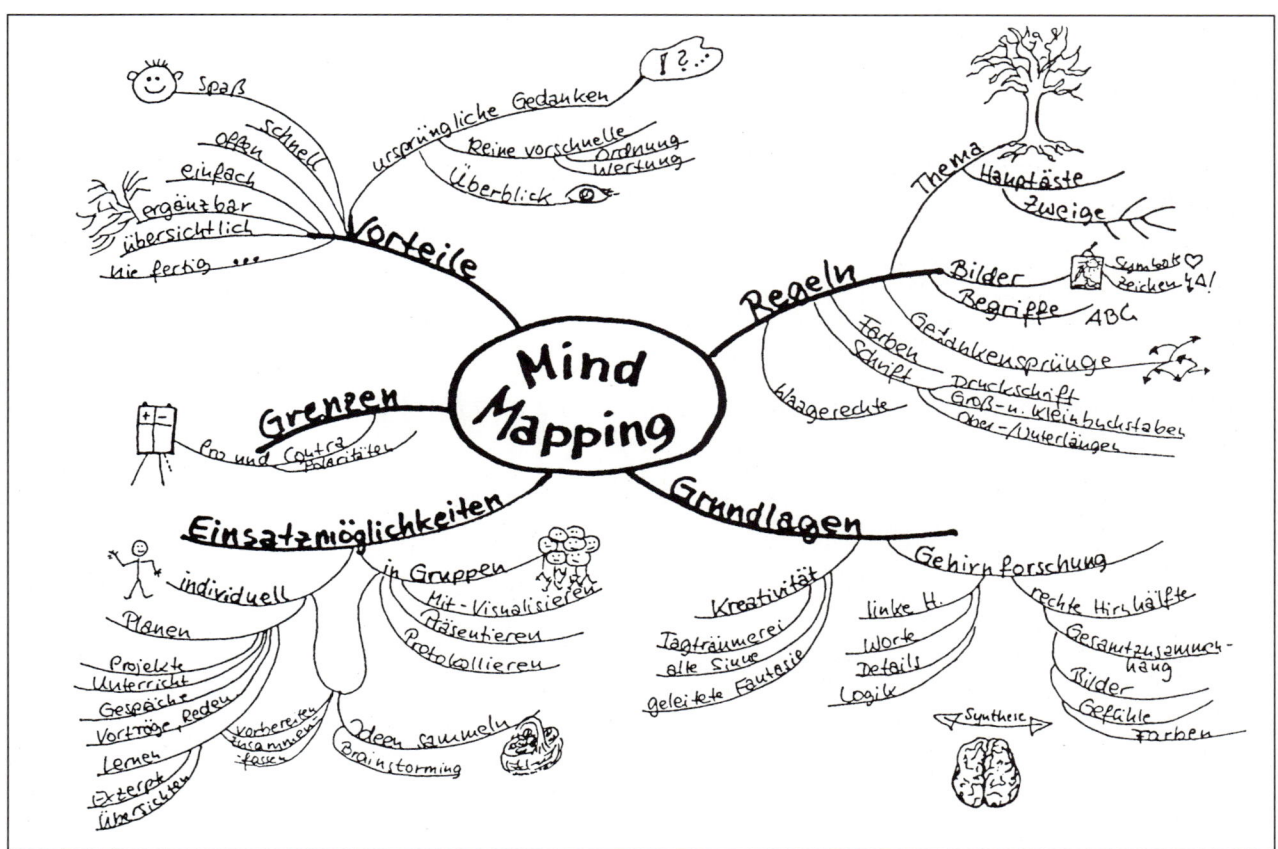

[1] Aus: Phoenix. Der etwas andere Weg zur Pädagogik. Band 2. Hg.: Heinz Dorlöchter u.a. Paderborn: Schöningh 1997, S. 134

Einfach Deutsch: Unterrichtsmodell: Frühlings Erwachen. © Verlag Ferdinand Schöningh, 2000

5.2 ❐ Biografische Reflexion der Kindertragödie

Während sich die Überlegungen in Baustein 5.1 ausschließlich auf die eigene Erfahrung der Schülerinnen und Schüler bezogen, soll nun ein reflexives Gleichgewicht zwischen der Lebenssituation der Rezipientin/des Rezipienten und der Kindertragödie angestrebt werden. Auf diesem Wege sollen die Lernenden die Gelegenheit erhalten, eine eigene, möglichst enge Beziehung zu *Frühlings Erwachen* herzustellen. Gerade für dieses Drama bietet sich eine solche biografische Methode an, scheint es doch auf den ersten Blick so weit von unserer heutigen Lebens- und Erziehungswirklichkeit entfernt. Je intensiver die Analyse und der lebensgeschichtlich akzentuierte Dialog mit dem Text betrieben wird, umso näher rücken die Figuren, Probleme, gesellschaftlichen Rahmenbedingungen. Vielleicht erkennen die biografisch Lernenden: Das eigentliche Thema von *Frühlings Erwachen* ist hochaktuell!

Die Erarbeitung beginnt mit folgenden Aufträgen:

❐ *Wählen Sie aus* Frühlings Erwachen *die (drei) Ihrer Meinung nach (!) entscheidenden Äußerungen aus. Nehmen Sie sich etwas Zeit dafür, ziehen Sie ggf. Ihr Szenenverzeichnis heran.*

❐ *Welchen Stellenwert besitzen diese Äußerungen im Gesamtkontext der Kindertragödie?*

❐ *Welche Bedeutung kommt diesen Äußerungen für Ihr eigenes Leben zu, für Ihre persönliche Vergangenheit, Gegenwart bzw. mögliche Zukunft?*

Der folgende Arbeitsauftrag bezieht sich auf die Rollentexte von Ingo Scheller (Zusatzmaterial 21, S. 104ff.).

❐ *Die Rollentexte „Die Schüler", „Die Schülerinnen", „Die Eltern" und „Die Lehrer" wurden für Figuren(gruppen) aus* Frühlings Erwachen *geschrieben. Vorausgesetzt es würde ein modernes Theaterstück, vielleicht ‚Frühlings Erwachen 2000', verfasst, in dem es um die Lebenssituation heutiger Jugendlicher geht: Schreiben Sie zu diesem Stück mögliche Rollentexte.*

Sie können sich entscheiden, ob Sie Ihre Rollentexte möglichst allgemeingültig halten wollen, um ein repräsentatives Bild einer Figurengruppe zu schildern, oder ob Sie sich auf Ihre persönliche Lebenssituation beziehen, um eine charakteristische Figur zu beschreiben.

Der folgende Arbeitsauftrag bezieht sich auf Zusatzmaterial 22, S. 106.

❐ *Die Shell-Jugendstudie benennt in einer Grafik von 1997 neun „Hauptprobleme Jugendlicher". Welches sind Ihre persönlichen (neun) Hauptprobleme?*

❐ *Wie sind sie gewichtet?*

❐ *Inwieweit stimmen Ihre Probleme mit den in der Grafik genannten überein?*

❐ *Wählen Sie eine jugendliche Figur aus* Frühlings Erwachen *und reduzieren Sie deren Hauptprobleme auf je ein Stichwort.*

❐ *Wie hätten sich Melchior bzw. Moritz zu den Hauptproblemen heutiger Jugendlicher geäußert?*
Stellen Sie einen Vergleich an.

❐ *Welche Konsequenzen ziehen Sie aus Ihrem Vergleich?*

Biografische Reflexion ausgewählter Textstellen

Bei der Rezeption von Literatur kommt es nicht nur darauf an zu erfahren: „Welche Intention des Autors oder der Autorin lässt sich ermitteln?" Teil der Analyse und Interpretation ist die Erkenntnis: „Welche konkrete Bedeutung kann der Text/ein Teil des Textes für mich persönlich, für mein Leben entfalten?" Denken Sie daher über jede der unten genannten vierzehn Textstellen unter dem Gesichtspunkt nach, inwieweit Sie in dem entsprechenden Inhalt eine Relevanz für sich selbst erkennen können. Wählen Sie diejenige Textstelle aus, die Ihnen persönlich am wichtigsten ist.

Nehmen Sie nun Papier und Stift und schreiben Sie einfach los. Notieren Sie alles, was Ihnen ausgehend von der Textstelle (und vielleicht von Frühlings Erwachen*) zu Ihrem eigenen Leben einfällt. Dabei kommt es nicht auf die Form an, sondern darauf, dass Sie möglichst viele Gedanken, Gefühle, Assoziationen, Wünsche, Ängste, Erinnerungen, Parallelen zum Text, Lebenserfahrungen, Einstellungen festhalten.*

Aus einem zeitlichen Abstand (von ca. einer Woche) sollten Sie Ihre Aufzeichnungen lesen: Was fällt Ihnen auf?

Wie haben Sie die ausgewählte Textstelle bzw. Frühlings Erwachen *bewertet?*

Konnten Sie persönlich bedeutsame Erkenntnisse gewinnen?

Wie schätzen Sie Frühlings Erwachen *im Kontext Ihres eigenen Lebens ein, welche Berührungspunkte gibt es?*

Inwiefern kann Literatur eine Bedeutung für die (eigene) Persönlichkeitsentwicklung haben?

Frühlings Erwachen – Textstellen für die biografische Reflexion

- „Nein, da möcht ich schon lieber gleich vollends zwanzig sein …!" (8, 1/2)

- „Wer wird so kleinmütig sein!" (8, 7)

- „An nichts kann man denken, ohne dass einem Arbeiten dazwischen kommen!" (8, 33/34)

- „Um mit Erfolg büffeln zu können, muss ich stumpfsinnig wie ein Ochse sein." (13, 31/32)

- „Wenn ich nicht promoviert worden wäre, hätte ich mich erschossen." (20, 24/25)

- „Mein erster Gedanke beim Erwachen waren die Verba auf μι." (25, 14/15)

- „Ich will arbeiten und arbeiten, bis mir die Augen zum Kopf herausplatzen." (25, 23/24)

- „Das ist in Ihren Jahren mehr wert als ein korrektes Mittelhochdeutsch." (27, 26/27)

- „[…] es gibt keine Liebe! – Alles Eigennutz, alles Egoismus!" (37, 3/4)

- „Es ist meiner Ansicht nach durchaus unzulässig, einen jungen Mann nach seinen Schulzeugnissen zu beurteilen." (38, 18-20)

- „Ach Gott, wenn jemand käme, dem ich um den Hals fallen und erzählen könnte." (39, 12/13)

- „Ich habe keinen Vertrag mit dem lieben Gott." (39, 23/24)

- „Schöpfen wir ab!" (66, 35)

- „Wenn wir in dreißig Jahren an einen Abend wie heute zurückdenken, erscheint er uns vielleicht unsagbar schön!" (67, 4-6)

EinFach Deutsch: Unterrichtsmodell: Frühlings Erwachen. © Verlag Ferdinand Schöningh, 2000

5.3 ❐ Persönliche Bedeutung von *Frühlings Erwachen*

Der hier angebotene Arbeitsauftrag kann die Unterrichtsreihe abschließen. Mehrere im Unterricht erreichte Teilergebnisse sollten dabei integriert werden:

- der erste Eindruck von der Kindertragödie (Baustein 1)
- das Vorverständnis der dramatisierten Probleme (Baustein 1)
- Analyseergebnisse zu den zentralen Aspekten des Dramas (insb. Baustein 2 und 3)
- die erste eigene Interpretationshypothese (Baustein 4.4)
- die im Kurs erarbeitete Gesamtinterpretation des Dramas (Baustein 4.4)
- die Erkenntnisse aus der biografischen Selbstreflexion von Schulerfahrungen (Baustein 5.1)
- die Einschätzungen aus der lebensgeschichtlich akzentuierten Reflexion (ausgewählter Textstellen) des Dramas (Baustein 5.2)
- die abschließende Gesamtbewertung sowohl des Textes als auch der Unterrichtsreihe

Eine derart differenzierte Reflexion bildet eine solide Grundlage für weitere Unterrichtsreihen zu Ganzschriften.

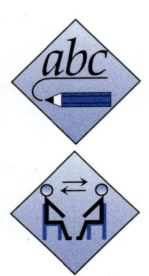

❐ *Welche Bedeutung besitzt die (Auseinandersetzung mit der) Kindertragödie für Sie persönlich?*
Vergegenwärtigen Sie sich (anhand Ihrer Unterrichtsaufzeichnungen) nochmals die wichtigsten Ergebnisse der Analyse von Frühlings Erwachen.
❐ *Inwieweit können Sie eigene (!) Schlussfolgerungen ziehen?*
❐ *Halten Sie Ihre Überlegungen schriftlich fest.*

Notizen

Umschläge verschiedener Frühlings Erwachen-*Ausgaben*

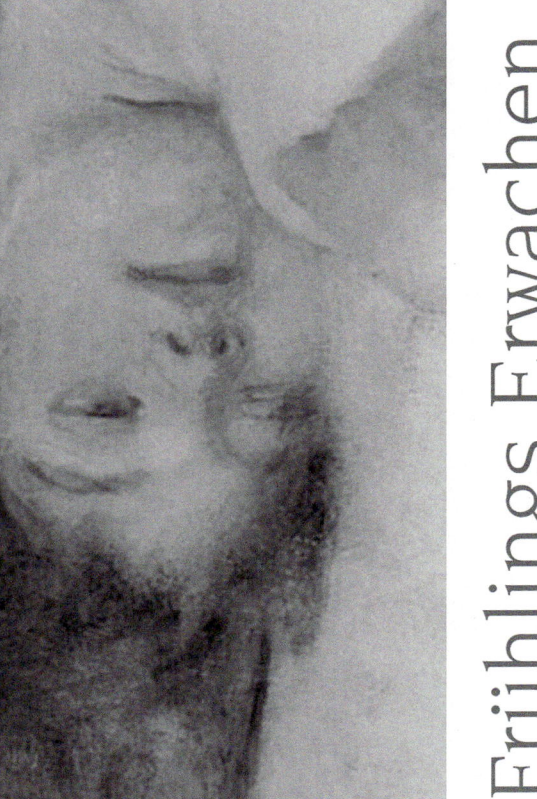

Fassade und Grundriss des Friedrich Werder'schen Gymnasiums

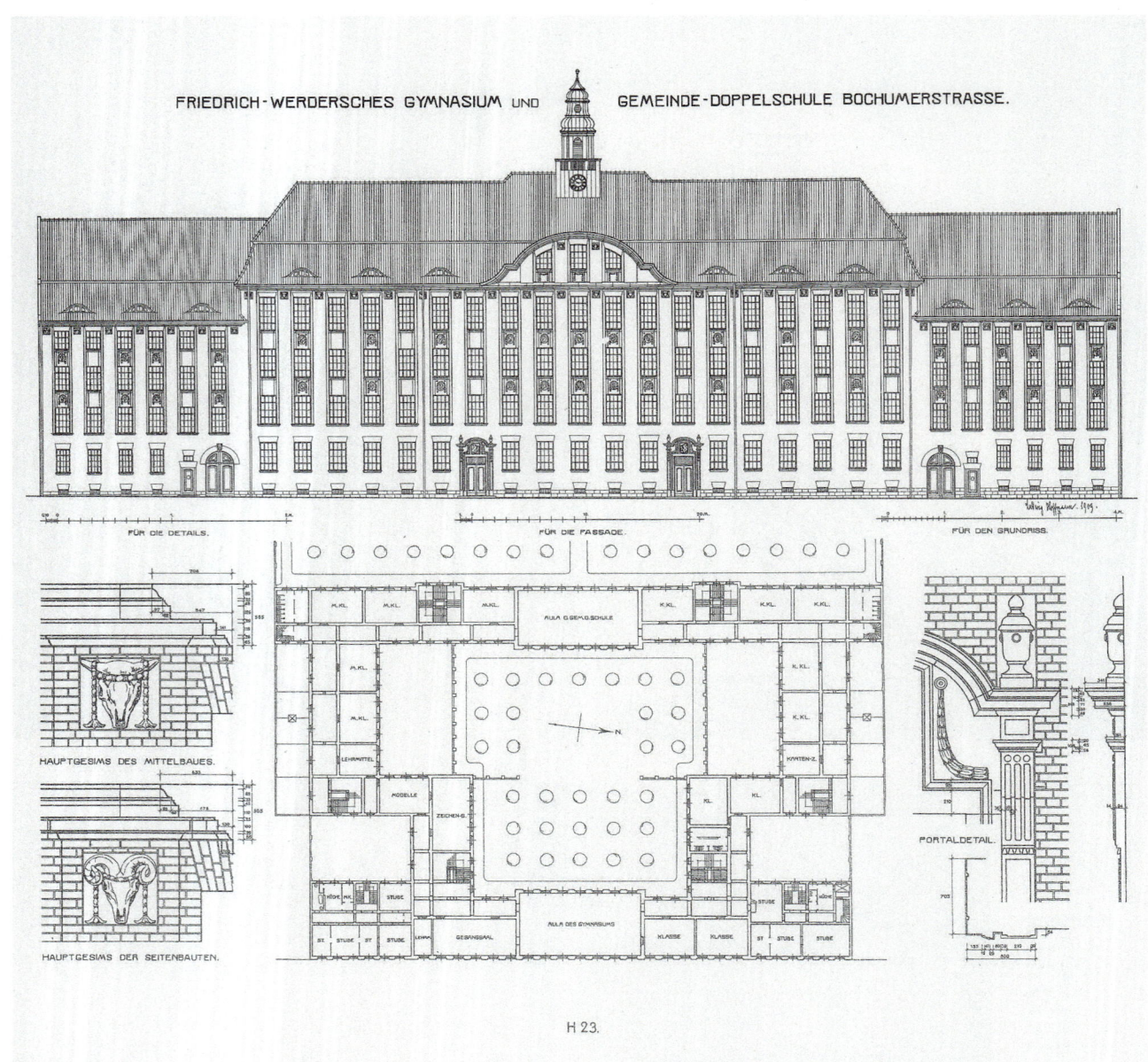

Bei den Schularbeiten eingeschlafen

Einschlafen. Zeichnung, undatiert, von Albert Hendschel (1834–1883)

Abschiedsbrief

„Dieser ungeratene Bengel! Nicht weniger als sechs Fehler habe ich in seinem Abschiedsbrief an mich gefunden!" Zeichnung von Blix im „Simplicissimus" Nr. 6, 1906, S. 94

Schulangst

ist ein durch neurotische Symptome (z.B. Sprechver-weigerung, psychisch bedingtes Unwohlsein, Schlaf-störungen, Konzentrations- und Leistungsstörungen, depressive Stimmungslagen, gelegentlich auch durch
5 Einnässen) gekennzeichnetes Verhalten, das vorwie-gend in schulischen Situationen auftritt.
Sie kann ihre Ursache in Trennungsangst des Kindes von der Familie, insbesondere der Mutter, oder von einem bestimmten Lehrer haben, aber auch in über-
10 forderndem Prestigedenken der Eltern und in Gege-benheiten der Schule, die vom Kind als bedrohlich empfunden werden (z.B. Überforderung mit nachfol-gendem Misserfolgserlebnis, andauernder Stress).
Winkler unterscheidet zehn spezifische Schüler-
15 ängste (in *Rowohlts Enzyklopädie* 1989, Seite 62):
– die Schullaufbahnangst: Angst vor schlechten Zen-suren, dem Sitzenbleiben, dem „dropping out" und dem Schulversagen;
– die Lern- und Leistungsangst: Angst, etwas nicht
20 (genügend) lernen oder leisten zu können, nicht zu begreifen, überfordert zu sein, in Prüfungen zu ver-sagen;
– die Stigmatisierungsangst: Angst, vor dem Lehrer und/oder den Mitschülern bloßgestellt zu werden,
25 sich lächerlich zu machen, Prestige zu verlieren, als „dumm", „faul" oder „schlecht" zu gelten;

– die Trennungsangst: Angst, allein zu sein, sich (zum Beispiel von zu Hause) trennen zu müssen, auf gewohnte Hilfen, Personen und Zusprüche ver-zichten zu müssen oder einen bedrohlichen Verlust 30 zu erleiden;
– die Strafangst: Angst vor Liebesentzug, Tadel, Strafen, Repressalien, Ungerechtigkeiten;
– die Personenangst: Angst vor bestimmten Men-schen, Gruppen oder Cliquen;   35
– die Konfliktangst: Angst vor bestimmten einander widerstrebenden Anforderungen (etwa sich aufleh-nen zu wollen, aber sich ducken zu müssen);
– die Institutionsangst: Angst vor der Schule als In-stitution, in der hierarchische, anonymisierende 40 oder sonstwie ungeliebte Strukturen walten (kön-nen);
– die Zukunftsangst: Angst vor dem Leben, der dro-henden Arbeitslosigkeit, dem ökologischen Kol-laps, der atomaren Katastrophe;   45
– die neurotische Angst: Angst vor der Angst, die „zwanghaft" auf einen zukommt und phobische Zustände hervorruft, sowie Ängste, die sich psycho-somatisch, depressiv, wahn- oder zwanghaft äußern.   50

Aus: Köck/Ott: Wörterbuch für Erziehung und Unterricht. Donau-wörth: Auer, 5. Aufl.1994, S. 622/623

Frühlings Erwachen: *Schul-Bild*

(Die Zahlen bezeichnen Seitenangaben in der Schöningh-Textausgabe.)

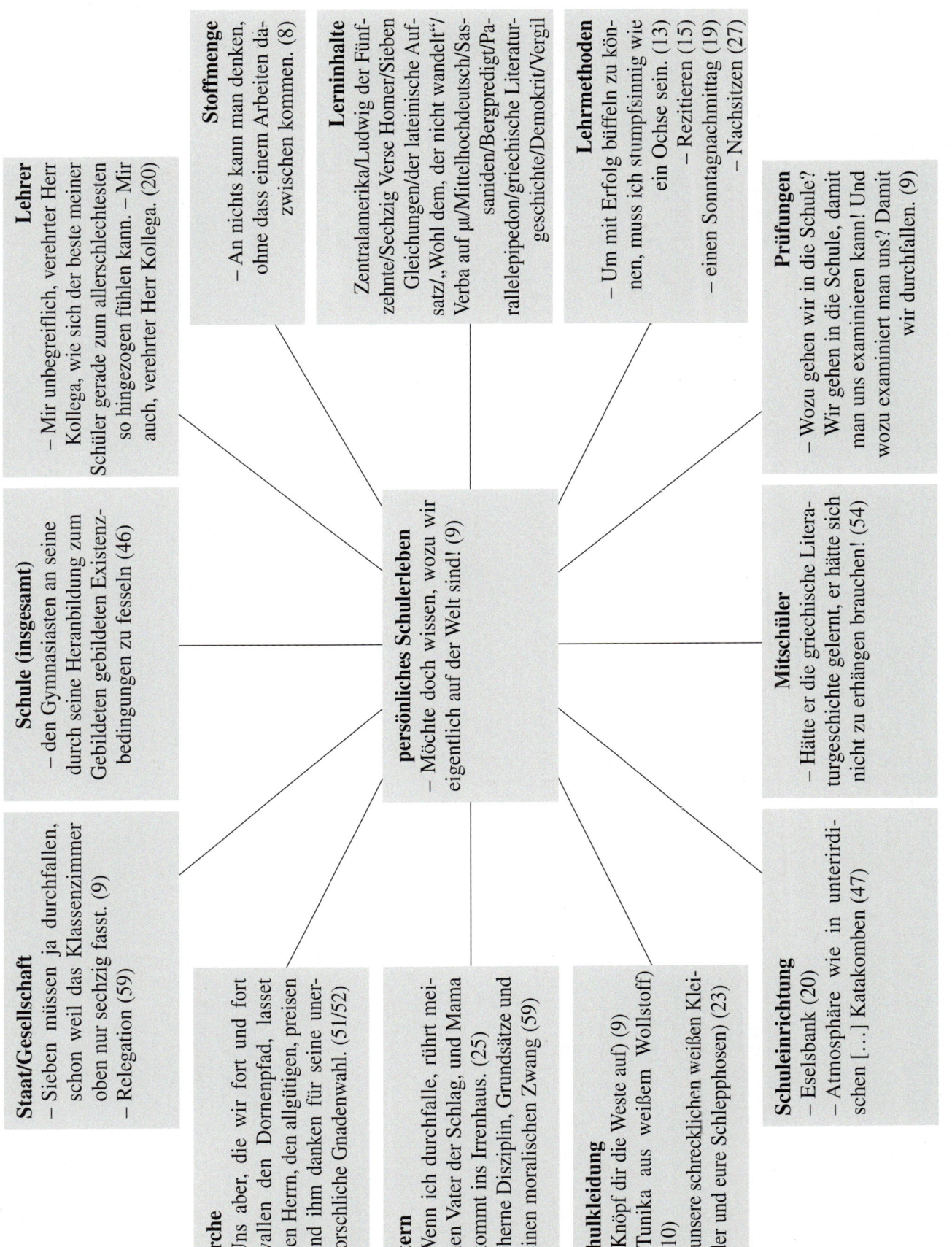

Stoffmenge
– An nichts kann man denken, ohne dass einem Arbeiten dazwischen kommen. (8)

Lerninhalte
Zentralamerika/Ludwig der Fünfzehnte/Sechzig Verse Homer/Sieben Gleichungen/der lateinische Aufsatz/„Wohl dem, der nicht wandelt"/Verba auf μ/Mittelhochdeutsch/Sassaniden/Bergpredigt/Parallelepipedon/griechische Literaturgeschichte/Demokrit/Vergil

Lehrmethoden
– Um mit Erfolg büffeln zu können, muss ich stumpfsinnig wie ein Ochse sein. (13)
– Rezitieren (15)
– einen Sonntagnachmittag (19)
– Nachsitzen (27)

Lehrer
– Mir unbegreiflich, verehrter Herr Kollega, wie sich der beste meiner Schüler gerade zum allerschlechtesten so hingezogen fühlen kann. – Mir auch, verehrter Herr Kollega. (20)

Prüfungen
– Wozu gehen wir in die Schule? Wir gehen in die Schule, damit man uns examinieren kann! Und wozu examiniert man uns? Damit wir durchfallen. (9)

Schule (insgesamt)
– den Gymnasiasten an seine durch seine Heranbildung zum Gebildeten gebildeten Existenzbedingungen zu fesseln (46)

persönliches Schulerleben
– Möchte doch wissen, wozu wir eigentlich auf der Welt sind! (9)

Mitschüler
– Hätte er die griechische Literaturgeschichte gelernt, er hätte sich nicht zu erhängen brauchen! (54)

Staat/Gesellschaft
– Sieben müssen ja durchfallen, schon weil das Klassenzimmer oben nur sechzig fasst. (9)
– Relegation (59)

Schuleinrichtung
– Eselsbank (20)
– Atmosphäre wie in unterirdischen [...] Katakomben (47)

Kirche
– Uns aber, die wir fort und fort wallen den Dornenpfad, lasset den Herrn, den allgütigen, preisen und ihm danken für seine unerforschliche Gnadenwahl. (51/52)

Eltern
– Wenn ich durchfalle, rührt meinen Vater der Schlag, und Mama kommt ins Irrenhaus. (25)
– eherne Disziplin, Grundsätze und einen moralischen Zwang (59)

Schulkleidung
– (Knöpf dir die Weste auf) (9)
– (Tunika aus weißem Wollstoff) (10)
– (unsere schrecklichen weißen Kleider und eure Schlepphosen) (23)

Buddenbrooks (Schulepisode): *Schul-Bild*

(Wörtliche Rede ist durch Anführungszeichen markiert. Die Zahlen bezeichnen Seitenangaben in der Klett-Ausgabe. Die Zitate erscheinen aus lizenzrechtlichen Gründen nicht in reformierter Schreibung.)

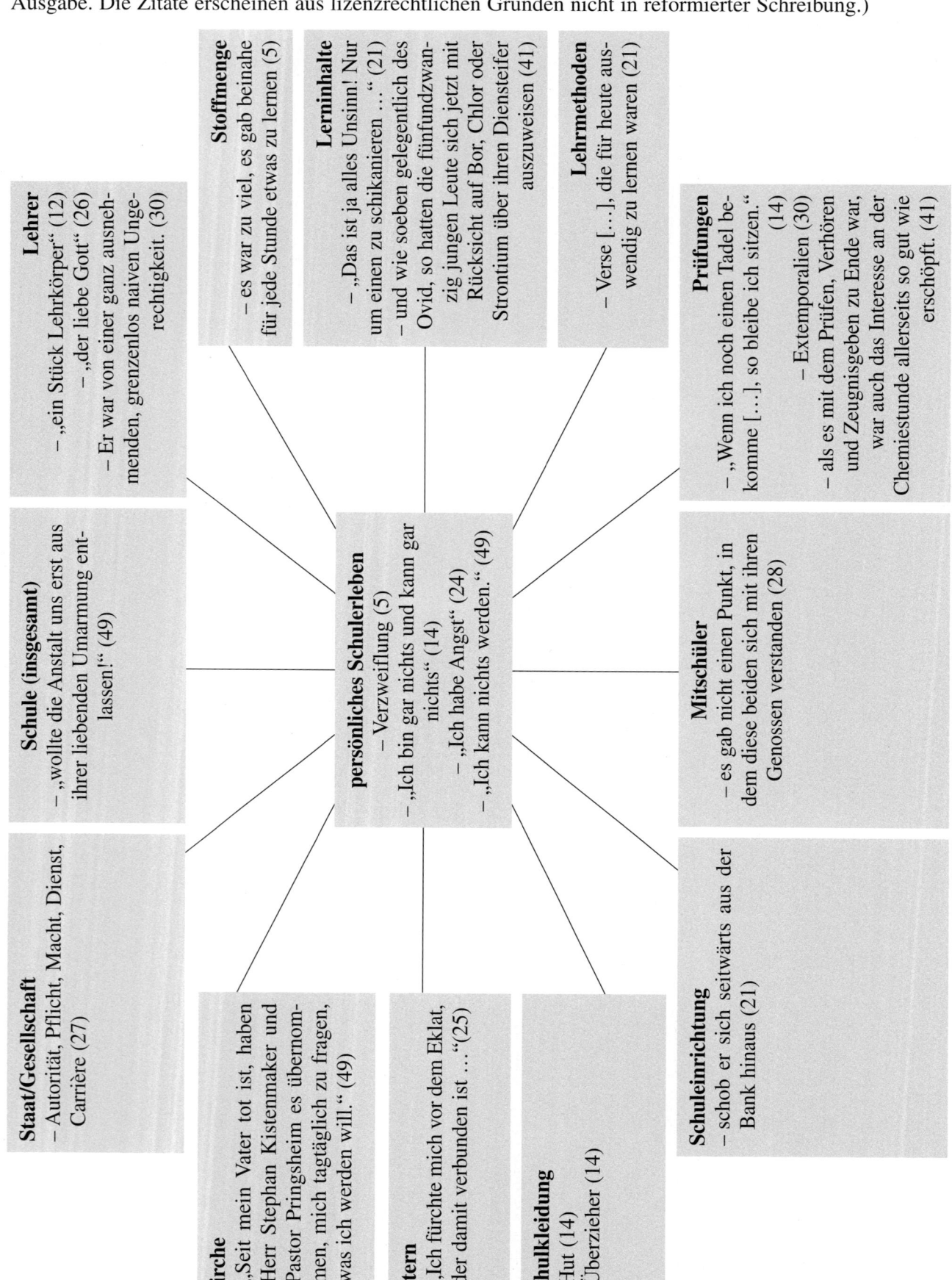

Lehrer
– „ein Stück Lehrkörper" (12)
– „der liebe Gott" (26)
– Er war von einer ganz ausnehmenden, grenzenlos naiven Ungerechtigkeit. (30)

Stoffmenge
– es war zu viel, es gab beinahe für jede Stunde etwas zu lernen (5)

Lerninhalte
– „Das ist ja alles Unsinn! Nur um einen zu schikanieren …" (21)
– und wie soeben gelegentlich des Ovid, so hatten die fünfundzwanzig jungen Leute sich jetzt mit Rücksicht auf Bor, Chlor oder Strontium über ihren Diensteifer auszuweisen (41)

Lehrmethoden
– Verse […], die für heute auswendig zu lernen waren (21)

Prüfungen
– „Wenn ich noch einen Tadel bekomme […], so bleibe ich sitzen." (14)
– Extemporalien (30)
– als es mit dem Prüfen, Verhören und Zeugnisgeben zu Ende war, war auch das Interesse an der Chemiestunde allerseits so gut wie erschöpft. (41)

Schule (insgesamt)
– „wollte die Anstalt uns erst aus ihrer liebenden Umarmung entlassen!" (49)

persönliches Schülerleben
– Verzweiflung (5)
– „Ich bin gar nichts und kann gar nichts" (14)
– „Ich habe Angst" (24)
– „Ich kann nichts werden." (49)

Mitschüler
– es gab nicht einen Punkt, in dem diese beiden sich mit ihren Genossen verstanden (28)

Staat/Gesellschaft
– Autorität, Pflicht, Macht, Dienst, Carrière (27)

Kirche
– „Seit mein Vater tot ist, haben Herr Stephan Kistenmaker und Pastor Pringsheim es übernommen, mich tagtäglich zu fragen, was ich werden will." (49)

Eltern
– „Ich fürchte mich vor dem Eklat, der damit verbunden ist …"(25)

Schulkleidung
– Hut (14)
– Überzieher (14)

Schuleinrichtung
– schob er sich seitwärts aus der Bank hinaus (21)

Unterm Rad: *Schul-Bild*

(Wörtliche Rede ist durch Anführungszeichen markiert. Die Zahlen bezeichnen Seitenangaben in der Suhrkamp-Ausgabe. Die Zitate erscheinen aus lizenzrechtlichen Gründen nicht in reformierter Schreibung.)

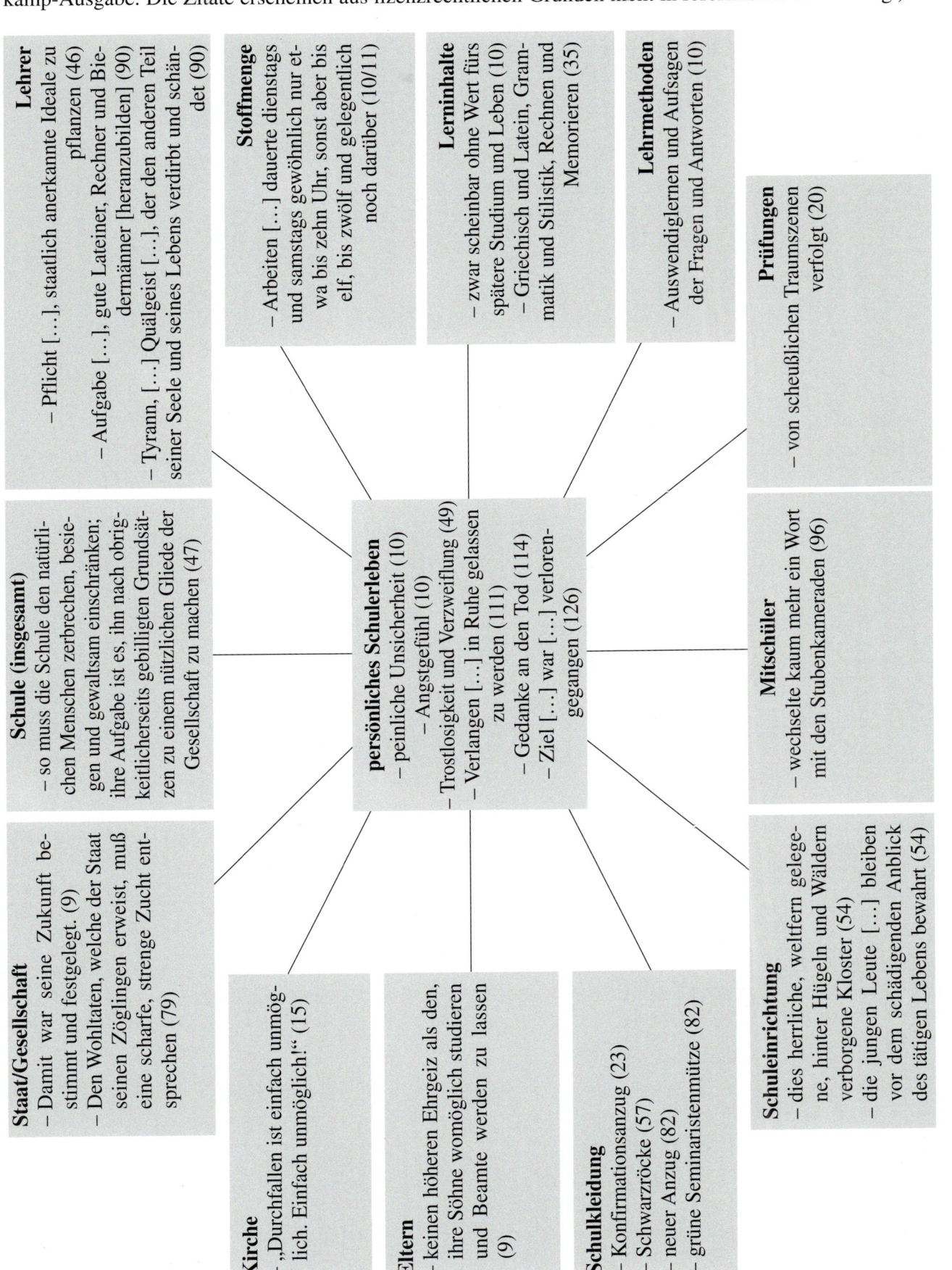

Lehrer
– Pflicht [...], staatlich anerkannte Ideale zu pflanzen (46)
– Aufgabe [...], gute Lateiner, Rechner und Biedermänner [heranzubilden] (90)
– Tyrann, [...] Quälgeist [...], der den anderen Teil seiner Seele und seines Lebens verdirbt und schändet (90)

Stoffmenge
– Arbeiten [...] dauerte dienstags und samstags gewöhnlich nur etwa bis zehn Uhr, sonst aber bis elf, bis zwölf und gelegentlich noch darüber (10/11)

Lerninhalte
– zwar scheinbar ohne Wert fürs spätere Studium und Leben (10)
– Griechisch und Latein, Grammatik und Stilistik, Rechnen und Memorieren (35)

Lehrmethoden
– Auswendiglernen und Aufsagen der Fragen und Antworten (10)

Prüfungen
– von scheußlichen Traumszenen verfolgt (20)

Schule (insgesamt)
– so muss die Schule den natürlichen Menschen zerbrechen, besiegen und gewaltsam einschränken; ihre Aufgabe ist es, ihn nach obrigkeitlicherseits gebilligten Grundsätzen zu einem nützlichen Gliede der Gesellschaft zu machen (47)

persönliches Schülerleben
– peinliche Unsicherheit (10)
– Angstgefühl (10)
– Trostlosigkeit und Verzweiflung (49)
– Verlangen [...] in Ruhe gelassen zu werden (111)
– Gedanke an den Tod (114)
– Ziel [...] war [...] verlorengegangen (126)

Mitschüler
– wechselte kaum mehr ein Wort mit den Stubenkameraden (96)

Staat/Gesellschaft
– Damit war seine Zukunft bestimmt und festgelegt. (9)
– Den Wohltaten, welche der Staat seinen Zöglingen erweist, muß eine scharfe, strenge Zucht entsprechen (79)

Kirche
– „Durchfallen ist einfach unmöglich. Einfach unmöglich!" (15)

Eltern
– keinen höheren Ehrgeiz als den, ihre Söhne womöglich studieren und Beamte werden zu lassen (9)

Schulkleidung
– Konfirmationsanzug (23)
– Schwarzröcke (57)
– neuer Anzug (82)
– grüne Seminaristenmütze (82)

Schuleinrichtung
– dies herrliche, weltfern gelegene, hinter Hügeln und Wäldern verborgene Kloster (54)
– die jungen Leute [...] bleiben vor dem schädigenden Anblick des tätigen Lebens bewahrt (54)

Der Schüler Gerber: *Schul-Bild*

(Wörtliche Rede ist durch Anführungszeichen markiert. Die Zahlen bezeichnen Seitenangaben in der dtv-Ausgabe. Die Zitate erscheinen aus lizenzrechtlichen Gründen nicht in reformierter Schreibung.)

persönliches Schülerleben

Hundertfältiges geschah an einem Tag, Stunde um Stunde begaben sich Dinge, von denen man nicht wußte, warum und wozu und wohin sie sich begaben. Als Endpunkt welcher Überlegung, als Glied welcher Kette mußten sie sein? (170)

Lehrer

Aber ich kann versuchen, Sie von Ihrer Nichtigkeit zu überzeugen, Sie zur Einsicht zu bringen, daß Sie die jämmerliche Sackgasse, die Ihnen auf dem Lebensweg vieler, vieler Menschen nun einmal zugewiesen ist, so geräuschlos wie nur irgend möglich abzugehen haben. (173)

Stoffmenge

„Du kannst in einem Jahr nicht nachholen, was du in sieben versäumt hast." (55)

Lerninhalte

das muß man können, wenn man es auch auf der Universität nicht braucht – (Kurt ballt in plötzlicher Wut die Fäuste) – wenn es auch absurd ist, jemandem die Reife für Jus oder Philosophie abzusprechen, weil er eine Zinseszinsrechnung nicht lösen konnte (276)

Lehrmethoden

Es war der normale Hergang des „Fortschreitens im Lehrstoff", bei dem der Schüler die Rolle eines Handlangers spielte. (36)

Prüfungen

„Was ich verlange, kann bei Fleiß und gutem Willen ein jeder mit Leichtigkeit leisten. Wer es nicht leisten kann oder will, ist unreif, und die Reifeprüfung werden bei mir nur wirklich Reife bestehen." (17)

Schule (insgesamt)

„Aber eines will ich dir sagen: wenn du glaubst, daß das Leben mit der Schule nichts gemein hat, dann bist du im Irrtum." (153)

Staat/Gesellschaft

Wer hatte diesem „Lehrkörper" und jedem seiner „Mitglieder" das Recht verbrieft, Jahrzehnte hindurch Existenzen zu bestimmen [...] ?! (171)

Mitschüler

In den Pausen rotteten sich einige Streber zusammen, berieten in gedämpfter Erregung, sie machten keinen Hehl mehr daraus, daß es ihnen unerwünscht sei, von ihrem Wissen etwas abzugeben. (62)

Kirche

(keine Textstelle)

Eltern

„Siehst du, Kurt. Ich hab ja gewußt, daß du mir diese Schande nicht antun wirst. Halt dich nur weiter so. Tu deinem alten Vater den Gefallen." (160)

Schulkleidung

Da fiel sein Blick auf den dunklen Anzug, den er am Abend vorbereitet hatte: Matura –! Er sprang aus dem Bett und starrte den Anzug an wie ein Gespenst. (260)

Schuleinrichtung

An dem langen grünen Tisch, der sich in der Mitte des Prüfungssaales befand, saßen schon einige Professoren, als Kurt eintrat. Er ging gleich auf den für die Prüflinge bestimmten Platz in der Ecke beim Katheder. (262)

Sozialdarwinismus

Eine in der zweiten Hälfte des 19. Jahrhunderts durch den von Charles Darwin (1809-1882) gelehrten universellen biologischen Evolutionismus (mit dem Lebensprinzip des „Kampfes ums Dasein") beeinflusste soziologische Theorienrichtung (H. Spencer, W.G. Summer, L.F. Ward, L. Gumplowicz). In den Erklärungsprinzipien des Sozialdarwinismus für menschlich-gesellschaftliches Handeln wird der aus der Aufklärung stammende Gedanke, dass die gesellschaftliche Ordnung und Integration von den Handlungen und von der Rationalität einzelner Menschen her zu erklären sei, fallengelassen. Anstelle dessen wird eine gegebene Objektivität gesellschaftlicher Entwicklungsnotwendigkeiten (zunächst in biologischen, später in völkischen und rassischen Kategorien) als Bewegungsprinzip der Gesellschaft erkannt. Es sei ein sozialer Auslese- und Anpassungsprozess (dem einzelnen Menschen sich als Kampf ums Dasein darstellend), der den gesellschaftlichen Gesamtorganismus weiterentwickelt. Hinter der gesellschaftlichen Entwicklung stehe kein allgemeines geistiges oder moralisches Fortschrittsprinzip, sondern eine quasi biologische Notwendigkeit, die bedingt sei durch fortschreitende Differenzierung der gesellschaftlichen Talente, Institutionen usw. sowie durch das Streben, innerhalb dieser Differenzierungen immer wieder ein neues Gleichgewicht zu schaffen. Die Tüchtigen führen und die weniger Talentierten ordnen sich unter. Was tüchtig ist, bestimmen nicht moralische Wertideen, sondern die Fähigkeiten, sich (im kosmologisch interpretierten „Interesse" einer Weiterentwicklung der Gesellschaft) durchsetzen zu können. Der Lebenskampf als soziale Grundform zwischenmenschlicher „Beziehungen" gilt sowohl für Verhältnisse zwischen Individuen wie zwischen Gruppen, verschiedenen Gesellschaften, Völkern, Rassen.

Aus: Karl-Heinz Hillmann: Wörterbuch der Soziologie. Kröners Taschenausgabe, Band 410, 4. Aufl. 1994, Alfred Kröner Verlag, Stuttgart

„Was haben wir heute gelernt?"

Schüler: „Bitte, Herr Lehrer, was haben wir heute gelernt?"
Lehrer: „Das ist aber eine merkwürdige Frage!"
Schüler: „Ja, wenn ich nach Hause komme, werden sie mich alle danach fragen."

Die pädagogische Reformbewegung zu Beginn des 20. Jahrhunderts

Aus der […] Entwicklung des Gesamtlebens mit seinem gewandelten Lebensgefühl und seiner kulturkritischen Grundtendenz und zugleich aus einer speziellen pädagogischen Kritik an der Bildungsauffassung und dem Schulstil des 19. Jahrhunderts entsteht am Beginn des 20. Jahrhunderts eine sehr kraftvolle, in sich höchst vielgestaltige pädagogische Reformbewegung, die nicht etwa auf Deutschland beschränkt ist, sondern ein internationales Phänomen darstellt. Sie ist der natürliche Ausdruck jener allgemeinen Rückwendung zum Menschen und ist – wie das besonders intensive Nachdenken über Erziehungsfragen sehr oft – eben auch Zeichen der inneren Krise. Inhalt dieser pädagogischen Bewegung ist besonders zu Anfang die scharfe Antithese gegen das 19. Jahrhundert, also Kampf gegen pädagogischen Intellektualismus und Mechanismus, gegen Zerspaltung und Veräußerlichung von Erziehung und Unterricht, gegen die Auslieferung des jungen Menschen an die objektiven Mächte der Erwachsenenwelt, auch Kampf gegen den überkommenen autoritären Erziehungs- und Unterrichtsstil usw. Aus diesen Antithesen lassen sich die verschiedenen Strömungen der pädagogischen Reformbewegung geradezu ableiten. Jede von ihnen greift aus jenem Gegensatz ein bestimmtes, mehr oder weniger zentrales Moment heraus und macht es zum Kern der eigenen Bemühungen. Z.B. ergeben sich als Antithesen des pädagogischen Intellektualismus in erster Linie die Kunsterziehungsbewegung und die Arbeitsschulbewegung, als Antithese der Zerspaltung und Veräußerlichung vorzüglich die Bemühungen um Gesamtunterricht, auch Landerziehungsheime, Lebensgemeinschaftsschule usw.

Aus: Albert Reble: Geschichte der Pädagogik. Stuttgart: Klett-Cotta, 19., durchgesehene Auflage 1999

These zur Veränderung des Schulsystems

Der Eindruck einer breiten reformpädagogischen Bewegung damals wie heute darf nicht darüber hinwegtäuschen, dass das tradierte staatliche Schulsystem mit seinen Strukturen und Merkmalen bis heute nicht grundsätzlich verändert worden ist.

Aus: Wörterbuch zur Pädagogik. München: Deutscher Taschenbuch Verlag 1995, S. 292

Wolfgang Scheibe – Die vernichtende Kritik an der „alten" Schule

So vielfältig und auch unterschiedlich im Einzelnen die pädagogischen Auffassungen der [...] Reformpädagogen[1] waren – sie alle waren sich einig in der Ablehnung der bestehenden Schule. Mit
5 scharfer Kritik und oft leidenschaftlichem Protest wurde vom Anfang des Jahrhunderts an bis zum Ende der Bewegung die „alte" Schule, wie sie genannt wurde, vernichtend verurteilt. Welchen Neuansatz notwendiger Reform man auch nahm und
10 entwickelte, er stand im Gegensatz zur traditionellen öffentlichen Schule. Nie zuvor war die Schule in solchem Ausmaß der Verurteilung ausgesetzt.

1. „Die Seelenmorde in den Schulen"

Es ging bei dieser Kritik primär nicht um Einzel-
15 fragen, etwa ob und wie man dieses oder jenes im Unterricht verbessern könnte, sondern um die Gesamtwirkung der Schule auf die Schüler in allen Altersstufen. Die Schule wurde angeklagt, dass sie beste Kräfte der Jugend zerstöre. Harte Worte
20 wurden hier gebraucht, so heißt ein Kapitel in Ellen Keys[2] Buch „Die Seelenmorde in den Schulen", ein Ausdruck, der in den folgenden Jahren von anderen wiederholt wurde. Scharrelmann[3] sprach bei der Beschreibung einer üblichen Re-
25 chenstunde von „Marter und Qual". Das Schülerdasein wurde als physisches und psychisches Leiden hingestellt, das in nicht wenigen Fällen zur Tragödie, zum Selbstmord führt. Wiederholt wurde in diesen Jahren von Schülerselbstmorden be-
30 richtet und über ihre Gründe diskutiert. Ellen Key stellte im Zusammenhang ihrer Erörterung der Prügelstrafe fest: „Die zahlreichen Kinderselbstmorde in den letzten Jahren sind oft gerade aus Furcht vor körperlicher Züchtigung oder nach ei-
35 ner solchen geschehen". Ludwig Gurlitt[4] berichtete: „In den Berliner Schulen wurden innerhalb vierzehn Jahren 165 Fälle von Selbstmorden von Kindern unter 15 Jahren festgestellt. Als Ursachen wurden ermittelt: harte und ungerechte Behand-
40 lung, Furcht vor Strafen oder vor Misserfolg bei den Prüfungen". Friedrich Wilhelm Foerster[5] griff im Kapitel „Schülerselbstmorde" seines Buches „Schule und Charakter" in die Diskussion über die Ursachen dieser erschütternden Tatsachen ein.

Er leugnete nicht, dass auch der „stachelnde Ehr-45 geiz der Familienmitglieder, die Prügelpädagogik im Hause" in hohem Maße Ursache der Schülerselbstmorde seien, dass aber der Schule die Hauptschuld beizumessen sei.

Es ist auffallend, in welchem Umfang in jenen 50 Jahren die Schülertragödie Gegenstand literarischer Gestaltung war. Schon 1891 hatte Frank Wedekind in „Frühlings Erwachen" den Vorwurf der Jugendlichen gegen die Erwachsenen auf die Bühne gebracht. In den Buddenbrooks (1901) 55 schilderte Thomas Mann die Schulleiden des kleinen Hanno. „Freund Hein" (1902) von Emil Strauß war eine „Kindheitstragödie", „Traumulus" (1904), von ihrem Autor Arno Holz als „Tragikomödie" bezeichnet, enthielt die realistische 60 Darstellung einer Schulatmosphäre, an der ein Primaner zerbricht. Das groteske Bild eines Schultyrannen gab Heinrich Manns „Professor Unrat" (1905). Hermann Hesse schilderte in „Unterm Rad" (1905) die Leiden eines Jungen, und 65 der Jugendroman „Die Verwirrungen des Zöglings Törless" (1906) von Robert Musil berichtete von abschreckenden Zuständen in einem Jungeninternat. Der Schriftsteller Ludwig Fulda sagte in der Einleitung einer Vortragsreihe (1911) über „Die 70 Schule der Zukunft", auf der u.a. Johannes Tews[6] und Gustav Wyneken[7] zu Wort kamen: „Niemals war der Anteil an diesem Problem tiefer, allgemeiner und leidenschaftlicher als heute, und es vergeht ja auch kaum ein Tag, wo nicht irgendein 75 Schulkonflikt, irgendeine Schultragödie dessen ganzen unheimlichen Ernst uns vor Augen führt". Wie auch in späteren Jahren die leidvolle Schülersituation Gegenstand literarischer Darstellung im Sinne der Schulkritik der Reformbewegung war, 80 zeigt ein Beispiel aus dem Drama „Die Wandlung" (1919) von Ernst Toller: „Du Kind gehst in die Schule und Angst befällt dich auf dem Weg. Das Schulzimmer sieht aus, als ob es Regentag wäre und dabei scheint die Sonne. Der Lehrer sitzt auf 85 dem Katheder wie der böse Geist aus einem Märchen, das du heimlich lasest. Er blickt dich zornig an und schilt dich, weil du deine Aufgabe nicht behalten konntest. Und doch ist dein Herz so voll von seltsam Erlebtem. Du möchtest ihn so gern 90

---

1 Reformpädagogik – (auch „Reformbewegung") zusammenfassende Bezeichnung für die Bestrebungen zur Reform von Erziehung, Schule und Unterricht in Europa und den USA zwischen 1890 und 1930
2 Ellen Key – (1849-1926) schwedische Reformpädagogin; Hauptwerk: *Das Jahrhundert des Kindes*, 1900
3 Heinrich Scharrelmann – (1871-1940) Volksschullehrer; u.a. *Herzhafter Unterricht, Gedanken und Proben aus einer unmodernen Pädagogik*, 1902
4 Ludwig Gurlitt – (1855-1931) Gymnasiallehrer; u.a. *Schülerselbstmorde,* 1908
5 Friedrich Wilhelm Foerster – (1869-1966) Erziehungswissenschaftler und Politiker; u.a. *Lebensführung*, 1909
6 Johannes Tews – (1860-1937) Volksschullehrer und Schulpolitiker; Einheitsschule
7 Gustav Wyneken – (1875-1964) Pädagoge; Landerziehungsheime, Jugendbewegung

fragen, er aber herrscht dich an und behauptet, du hättest keine Religionsgeschichte gelernt".

Weit auszuholen hätte die Aufzählung und Beschreibung der negativen Bilder der traditionellen Schule, wie sie von den Reformern kritisch anklagend, teils emotional, teils mehr in sachlicher Auseinandersetzung vorgebracht wurden. Vorwiegend aus der Perspektive des Aufbruchs der Reformzeit lassen sich zusammenfassend folgende, oft sich wiederholende Gesichtspunkte nennen:

2. Die „Zwangsschule"

Nicht als äußerlich unschön nur, sondern als symbolisch für den Geist der „alten" Schulen wurden die Schulgebäude empfunden, im Kasernenstil gebaut, oder auch Fabrikbetrieben ähnlich auf serienweise Massenabfertigung eingestellt, unpersönlich und kalt, meist übervoll, uniform in allem; nicht anders die Klassenräume, mit festen frontal gerichteten Bänken ausgestattet. Weder Haus noch Hof, weder Flure noch Klassen zeigten eine den Erziehungsaufgaben gemäße Note. „Heute, in meiner Freistunde, ging ich über den Korridor. Eine Reihe Fenster, zwei Reihen Kleiderhaken mit Mützen und Hüten behangen, eine Reihe Klassentüren, acht fröhliche Jahre der Kindheit vom Leben abschließend ...", so begann Heinrich Scharrelmann einen Aufsatz in seiner „unmodernen Pädagogik", der dann das Stückwerk und den Methodenmechanismus des hinter den Türen durchgeführten Unterrichts schilderte.

Der entscheidende Vorwurf der Reformer, die vom Kinde ausgehen und seiner Entwicklung freien Raum geben wollten, richtete sich gegen den Zwangscharakter der Schule. Sie sprachen von „Zwangserziehung" und bezeichneten die Schule als eine „Zwangsanstalt". Die Schule kennt das Kind nicht, sie richtet sich nicht nach seinen Bedürfnissen, sie ist mit ihren Zielen und Methoden auf falschen Wegen, sie muss Zwang anwenden, und mit diesem Zwang vernichtet sie die besten Kräfte: „Der Zwang der Schule tötet in der Anlage des Kindes die edelsten Keime, aus denen sich wertvolle Eigenart, selbstständige Kraft, starker Wille, lebendige Initiative entwickeln könnten", heißt es bei Berthold Otto[8]. Lottig[9] sprach davon,

dass sich die Ziele des Unterrichts als „Tyrannen" erweisen, und schon Ellen Key hatte moniert, dass der Lehrer den Schüler „mit einem Schlage fertig und vollkommen haben" wolle: „Er zwingt ihm eine Ordnung, eine Selbstbeherrschung, eine Pflichttreue, eine Ehrlichkeit auf". Gurlitt meinte, dass man mit der „Zwangserziehung" „den ärgsten Missbrauch des kategorischen Imperativs[10] in Bezug auf die Arbeitspflicht" betriebe. Wohl sei der Schule zugute zu halten, dass der Zwang im Dienste von Tugenden, von Werten stehen könnte, aber eben, dass hier Zwang angewandt würde, entwerte das Verfahren der alten Schule und lasse es mehr als fragwürdig erscheinen. Die „freie Schule" war demgegenüber das Ziel der Reformbewegung.

3. Die „Strafanstalt"

Als das ständig angewandte und in seinen bedenklichen Folgen unabsehbare erzieherische „Zwangsmittel" wurde die Strafe in der Schule angeprangert, vor allem die Prügelstrafe, doch auch alle anderen das Kind quälenden, seelisch verstörenden Strafen, zumeist die Anwendung von Strafe überhaupt. Ellen Key wandte sich mit Leidenschaft gegen die körperliche Züchtigung in Familie und Schule: „Die Strafe hält das Kind auf dem tierischen Standpunkt." „Auf all die unzähligen feinen Prozesse im Seelenleben des Kindes, auf die dunklen zusammengesetzten Verläufe, die bebenden, empfindlichen Gefühle wirken diese brutalen Eingriffe zerreißend, verwirrend und deshalb ohne alle seelisch erziehende Macht." Ebenso griff Ludwig Gurlitt die Körperstrafe an, ebenso bekannte sich Friedrich Wilhelm Foerster als ausgesprochener Gegner der Körperstrafe. Es gehörte unter den Reformern im Grunde zu den Selbstverständlichkeiten, dass sie radikal gegen die Körperstrafe und kritisch zur Strafe überhaupt eingestellt waren. Im Kampf gegen die „Strafschule", wie sie genannt wurde, bildete später der von Paul Oestreich[11] 1922 herausgegebene Sammelband „Strafanstalt oder Lebensschule" einen Höhepunkt. Vom Bunde Entschiedener Schulreformer[12] getragen vereinigte er Stellungnahmen führender Männer und Frauen, zumeist Pädagogen, zum Thema Strafe und wies deren Fragwürdigkeit auf.

---

[8] Berthold Otto – (1859-1933) Gründer der „Hauslehrerschule": Gesamtunterricht für Schüler verschiedener Altersstufen (Unterrichtsgespräch)

[9] William Lottig – Lehrer im Kreis der sog. Hamburger Reformer

[10] kategorischer Imperativ – Prinzip von Kant: „Handle so, dass die Maxime [= Grundsatz] deines Willens jederzeit zugleich als Prinzip einer allgemeinen Gesetzgebung gelten können."

[11] Paul Oestreich – (1878-1959) Gymnasiallehrer; gründete den Bund Entschiedener Schulreformer

[12] Bund Entschiedener Schulreformer – 1919 in Berlin gegründet; Ziel: eine „entschiedene" Veränderung des Erziehungs- und Bildungswesens (löste sich 1933 auf)

Sein Erscheinen hing zusammen mit einer drin-
genden Petition des Bundes an die Ministerien der
Länder zur Pädagogisierung der Strafen durch
neue Schulverordnungen.

185 Vielfältig waren die von den Reformern vorge-
brachten Argumente gegen die Strafe. Sie verur-
teilten die Strafe als Zwang, als Eingeständnis erzieherischen Misserfolges des Strafenden, insbesondere die Körperstrafe als Mittel der Zerstö-
190 rung des Ehrgefühls, des Selbstbewusstseins, als
Mittel, Hass zu erzeugen und die Erziehung unmöglich zu machen. Vor allem aber lenkten sie im
Verein mit der Psychologie die Aufmerksamkeit
auf die Angst-Folgen der Strafe: Minderwertig-
195 keitsgefühl, Gedrücktheit, Verstellung, Lüge und
möglicherweise Verwahrlosung. Die von der Psychoanalyse aufgedeckten Erscheinungen des Sa-
dismus und des Masochismus wurden einbezogen.
Diese besonders ließen das Strafen auch in Bezug
200 auf die Folgen für den Strafenden in einem mehr
als bedenklichen Licht erscheinen, wie überhaupt
immer wieder die Strafproblematik als die pädagogische Tragödie des Erziehers aufgewiesen
wurde. Verurteilte man auch das Strafwesen im
205 Elternhaus, so richtete sich die Kritik doch in erster Linie gegen die Schule als die „Strafschule".
Die „straffreie Schule" war das Ziel der Reformer.

4. „Stoffschule", „Buchschule", „Lernschule"

Eine breite Angriffsfront wandte sich gegen die
210 Herrschaft des Lehrstoffs in der Schule, unter diesem Gesichtspunkt „Stoffschule" genannt. Damit
war zum ersten das Übermaß an zu bewältigen-
dem Lehrstoff gemeint, der sehr viel mehr um-
fasste, als die Kinder auch unter Anwendung von
215 Zwangsmitteln sich aneignen konnten. Weiterhin
wurden die Stoffe als solche verurteilt, weil sie
nichts mit der Gegenwart und schon gar nichts mit
dem Leben der Kinder zu tun hatten. Die „lebens-
fremde" Schule nahm ihre Lehrinhalte aus den die
220 Schule völlig beherrschenden Büchern und wurde
dementsprechend spöttisch als „Buchschule" bezeichnet, ein „Museum für tote Schätze". Die Kri-

tik der Schulmänner richtete sich speziell gegen
den verpflichtenden Zwang des Lehrplans, gegen
die starre Abgrenzung der Fächerung, gegen die 225
Vielwisserei, den unfruchtbaren Enzyklopädismus[13], gegen das Potpourri[14] der Stoffe, die
„Mops-Pudel-Dachs-Pinscher-Schule", wie sie
Georg Kerschensteiner[15] spöttisch nannte.
Der Zwang der Schule und ihre innere Erstarrung 230
zeigten sich für die Reformer auch in der Gleich-
förmigkeit und dem Mechanismus der sie beherrschenden Methode und der ihr entsprechenden
verfestigten Haltung des Lehrers. Die meinte man,
wenn man wie Scharrelmann vom Dogmatismus[16] 235
der Schule sprach: „Die Schule ist durch und
durch dogmatisch, und zwar nicht nur im Religi-
onsunterricht. Sie ist es in jedem Fache. Immer
dann, wenn ich eine Antwort gebe, ehe ich gefragt
wurde, eine Lösung, ehe das Problem da war, 240
wenn ich eine allgemeine Erkenntnis mitteile, ohne dass das Kind über die vielen nötigen Einzelheiten orientiert ist, die zum Verständnis notwendig sind, immer dann unterrichte ich dogmatisch.
In den vielen Abstraktionen[17] und Deduktionen[18], 245
die wir den Kindern an den Kopf werfen, kommt
der dogmatische Charakter der Schule am ersten
zum Ausdruck. Und dieses Dogmatische, das in
allen Fächern herrscht, macht die Schule so unge-
nießbar für das Kind". 250
Die Kritik richtete sich gegen die von den Instanzen der Lehrerbildung, der Schulverwaltung, der
Schulaufsicht und von der akademischen Pädagogik allein als gültig anerkannte Methode der „Formalstufen"[19], wie sie die die Pädagogik Herbarts[20] 255
fortführenden „Herbartianer"[21] weiterentwickelt
hatten. Dass die Praxis der Schule völlig auf das
mechanische Lernen eingestellt war, vielfach noch
in mittelalterlichen Lehrformen des Vorsprechens
und Nachsagens ohne Rücksicht auf das Verständ- 260
nis, trug ihr bei den Reformern die Kennzeich-
nung „Lernschule" ein. Wo in jenen Jahren von
„Lernschule" gesprochen wurde, geschah es im
Tone der Verachtung und Geringschätzung eines
in seinen methodischen Verfahren und Zielen 265

---

13 Enzyklopädismus – (enzyklopädisch = umfassend) vgl. die Auffassung, nach der ein Mensch dann als gebildet gilt, wenn er
  über angehäuftes Wissen verfügt
14 Potpourri – Allerlei
15 Georg Kerschensteiner – (1854-1932) Gymnasiallehrer; Arbeitsschulbewegung, Berufsschule
16 Dogmatismus – (unkritisches) Festhalten an Lehrmeinungen und Glaubenssätzen
17 abstrakt – begrifflich, nur gedacht
18 Deduktion – Begründung/Herleitung einer neuen Aussage aus anderen Aussagen durch logisches Schließen
19 Methode der Formalstufen – Ordnungsprinzip zur einheitlichen Unterteilung des Unterrichts (Herbart, Herbartianer)
20 Johann Friedrich Herbart – (1776-1841) Philosoph, Pädagoge, Psychologe; entwarf eine Theorie des „erziehenden Unterrichts"
21 Herbartianer – Herbarts „Schüler"; entwickelten sein Formalstufenmodell weiter; ihre sture Einhaltung der Stufenabfolge
  wurde als „Lektionismus" kritisiert (Herbartianismus)

überholten Systems. Die Ablehnung der Methode der Formalstufen und des Methodenmonismus[22] konnte sich steigern zur Negation der Methode überhaupt. Die „lebendige Schule" benötige gar
270 keine Methode – so schien es manchen Reformern.

5. „Lehrer der Vergangenheit"

Die Argumente der Sachkritik an der Schule vereinigten sich immer wieder mit der Kritik an der
275 Person des Lehrers, wie sie nicht nur in der oben erwähnten Romanliteratur, sondern auch in den pädagogischen Schriften zutage trat. Hermann Lietz[23] spottete in der unverbindlichen Form einer Traumschilderung übermütig über die „Lehrer der
280 Vergangenheit": „ ... eine Schar meist bebrillter, ziemlich grämlich dreinschauender Leute", die zornig ein Freudenfest stört. Kritik und Anklage waren bitterernst und vorwurfsvoll. Es bildete sich die Karikatur des „Paukers" heraus, jenes verknö-
285 cherten, ständig strafenden, menschlich unzugänglichen, auf sein Pensum bedachten und mit monotonen Methoden unterrichtenden Lehrers, der ohne innere Beteiligung nur seinem Amtsauftrag entspricht. Mit ihm kam die Schule in Verruf.
290 Durch alle drei Jahrzehnte der Reformbewegung setzte sich, teils mit sich wiederholenden, teils mit neuen Motiven solche Kritik an der Schule fort. Sie spitzte sich zuweilen so zu, dass das Wort „Schule" als Inbegriff einer überholten Einrich-
295 tung durch ein neues Wort ersetzt wurde, wie etwa „Landerziehungsheim", oder dass ein bekannter Pädagoge, Wilhelm Paulsen[24], im Titel eines Buches von der „Überwindung der Schule" sprach. Was an der alten Schule in jedem Fall beseitigens-
300 wert erschien, ist in einer Überschau der Ansätze, Einzelbestrebungen und Ergebnisse der Reformbewegung in dem Buch von Adolf Rude „Die neue Schule" später so zusammengefasst worden: „Das passive Lernen. Die Herrschaft des Stoffes,
305 das Streben nach Lückenlosigkeit, der Drill in der Stoffeinprägung, womit natürlich nicht die Übung an sich verworfen wird. Der Unterricht ohne Triebkraft. Die Anpassung des Unterrichts an die Art der Schulrevision[25]. Der Zwangsdialog im
310 Unterricht. Die autokratische[26] Schulzucht, die Versteifung auf Machtautorität, die Scheidewand, der Gegensatz zwischen Lehrer und Schüler. Ein schroffer Unterrichtston, ständiges Ermahnen, Nörgeln, Tadeln, Schelten oder gar Ironie und Spott. Die Anstachelung des ungesunden Ehrgei-
315 zes, der Streberei in den Schulen. Die Rangordnung in der Schule ... Das ständige Zensurschreiben, die Versetzungsprüfungen. Die Versteifung auf Äußerlichkeiten: völliges Stillsitzen die ganze Stunde hindurch, wohl gar mit dem Vordermann
320 schön ausgerichtet, die Augen unablässig auf den Lehrer gerichtet; die Hände ständig auf der Tischplatte und wie zum andächtigen Gebet gefaltet; bei Antwort aufstehen, auch bei einem einzigen Satz; nicht umdrehen; immer in vollständigen Sät-
325 zen antworten und Ähnliches".

6. Die Kritik an der Autorität

Zutiefst war in dem heftigen Gegensatz gegen die alte Schule und ihre Erziehung immer auch eine grundsätzliche Kritik an der Autorität enthalten,
330 die Autorität, die die Gesellschaftsstruktur jener Zeit trug und alle Erziehungsvorstellungen und die Erziehungswirklichkeit, insbesondere auch in der Institution der Schule beherrschte. Die personale sowie die amtsbegründete Autorität des Ge-
335 horsam heischenden Lehrers wurden ebenso in Zweifel gezogen wie der Gültigkeitsanspruch der Ideale, Ziele und Werte, der Inhalte und Ordnungen der Erziehung, Das „geschlossene Weltbild"[27], dem sie entsprach, war fragwürdig gewor-
340 den. Autorität in diesem Sinne war für die Reformer verbunden mit Lebensfremdheit und Lebensfeindlichkeit. Sie forderten die freie Entfaltung der natürlichen Kräfte und die Anerkennung der neuen Gehalte und Formen, die sich daraus
345 insbesondere für die Erziehung ergeben würden. Die Ächtung der Autorität ging von einem Freiheitsbegriff aus, der in Anspruch nahm, aus dem Leben selbst hervorgegangen zu sein und ihm in der rechten Weise zu dienen. Ein stark liberaler
350 Zug war für einen Teil der pädagogischen Reformer, vor allem der ersten Zeit, kennzeichnend.

Aus: Wolfgang Scheibe: Die Reformpädagogische Bewegung 1900-1932. Eine einführende Darstellung. Weinheim/Basel: Beltz, 10 Aufl. 1994, S. 67-75. Scheibes Anmerkungen wurden hier nicht übernommen. Die Worterklärungen wurden für dieses Unterrichtsmodell ergänzt.

---

[22] Monismus – von griechisch: monos = einzig
[23] Hermann Lietz – (1868-1919) Pädagoge; gründete 1898 das erste deutsche Landerziehungsheim
[24] Wilhelm Paulsen – gehörte dem Bund Entschiedener Schulreformer an
[25] Revision – Prüfung
[26] autokratisch – (griechisch: selbstherrschend) vgl. „autoritärer Erziehungsstil"
[27] geschlossenes Weltbild – vgl. z.B. die überaus konventionellen gesellschaftlichen Umgangsformen auf der Grundlage ständischer Gliederung

Sigmund Freud und die Entdeckung des Unbewussten

1900 erschien Freuds „Traumdeutung". Obwohl Freud als Psychiater in erster Linie therapeutische Zwecke verfolgte, wurde sein neues psychologisches Denken als Angriff auf die herrschende Mo-
5 ral und Ordnung verstanden.

Vor der Jahrhundertwende war auf dem Gebiet der Psychologie und Medizin, aber auch der Ästhetik und Philosophie, die Auffassung vom Menschen als einer einheitlichen Persönlichkeit ins
10 Wanken geraten: Phänomene wie Suggestion, Hypnose, Somnambulismus beschäftigten Künstler wie Wissenschaftler und wurden von der Psychiatrie zur Therapie psychischer Erkrankungen, etwa der Hysterie, eingesetzt.
15 Das Interesse der Künstler richtete sich nunmehr auf den Bereich des Unbewussten, das in Freuds späterem Schichtenmodell des Menschen eine große Rolle spielt: Freud unterscheidet darin ein Es (das große Reservoir der unbewussten Triebe),
20 ein Über-Ich (Gewissen, Gebote, Moral) und ein

Ich als Vermittlungsinstanz zwischen beiden. Aus dem Konflikt zwischen Über-Ich und Es entstehen, nach Freud, Neurosen. Um sie zu verstehen und zu heilen, entwickelte er die Methode der Psychoanalyse. Nach Experimenten mit der Hyp- 25 nose führte er in das analytische Verfahren eine neue Technik des therapeutischen Gesprächs ein und bediente sich der Traumdeutung: Im Traum artikulieren sich die oft unbewusst verlaufenden Konflikte zwischen den verschiedenen Instanzen 30 in verschlüsselter Form, in bildhaften Symbolen, die vom Therapeuten dechiffriert, bewusst gemacht werden.

Das Interesse der Künstler um 1900 an Vorgängen des Unbewussten ist freilich weniger durch eine di- 35 rekte Beeinflussung durch Freud erklärbar als vielmehr durch eine allgemeine Ausrichtung der Zeitgenossen auf psychopathologische Phänomene.

Aus: Epochen der deutschen Literatur. Stuttgart: Klett 1989, S. 364/365

Sigmund Freud – Zur sexuellen Aufklärung der Kinder

Ich glaube nicht, dass nur ein einziger Grund vorliegt, um Kindern die Aufklärung, nach der ihre Wissbegierde verlangt, zu verweigern. Freilich, wenn es die Absicht der Erzieher ist, die Fähigkeit
5 der Kinder zum selbstständigen Denken möglichst frühzeitig zugunsten der so hochgeschätzten „Bravheit" zu ersticken, so kann dies nicht besser als durch Irreführung auf sexuellem und durch Einschüchterung auf religiösem Gebiet verursacht
10 werden. [...]

Erhalten die Kinder jene Aufklärungen nicht, um die sie sich an Ältere gewendet haben, so quälen

sie sich im Geheimen mit dem Problem weiter und bringen Lösungsversuche zustande, in denen das geahnte Richtige auf die merkwürdigste Wei- 15 se mit grotesk Unrichtigem vermengt ist, oder sie flüstern einander Mitteilungen zu, in welchen zufolge des Schuldbewusstseins der jugendlichen Forscher dem Sexualleben das Gepräge des Grässlichen und Ekelhaften aufgedrückt wird. 20

Aus: Sigmund Freud: Werkausgabe in zwei Bänden, hg. von Anna Freud und Ilse Grubrich-Simitis: Frankfurt/Main: S. Fischer Verlag, 1978, S. 527

Die Jugendbewegung zu Beginn des 20. Jahrhunderts

Die Jugend, und zwar die bürgerliche Jugend, vor allem der größeren Städte, die ja den Geist des 19. Jahrhunderts am konzentriertesten in sich trugen, wehrt sich jetzt gegen alle Lebensentfremdung, gegen Großstadt und bloße Wissenskultur, gegen das Einspannen des Menschen für Organisationen, Nutzen und Leistung und gegen die ältere Generation, die diese Kultur vertritt, d.h. *gegen das bürgerliche Elternhaus und die Autoritätsschule*. Die Jugend empfindet damals die Schule als eine Anstalt der Knechtung, deren Ziel es ist, die eigenwüchsigen jungen Menschen zu einer Massenware für Staatszwecke zu modeln, wobei sie also gerade die wertvolleren Geister, die ein eigenes Gesicht haben und schwerer zu bändigen sind, an der Wurzel knickt. Die Jugend hat daher ihr wirkliches Leben mehr außerhalb der Schule in kleinen Zirkeln. Nun wird sie durch ein Erlebnis ergriffen, das sie noch weiter aus der bürgerlichen Welt hinausträgt und das ihr den Gegensatz erst in aller Schärfe zum Bewusstsein bringt. Das ist das *Erlebnis der Wanderfahrt*, bei der Jugendliche ganz unter sich in einer kleinen Gruppe zusammenleben. Das Große, den jungen Menschen Packende und Prägende liegt dabei nicht allein in dem unmittelbaren Naturerleben, in dem ungewöhnlichen und gewollt Primitiven der äußeren Lebensumstände. Es liegt vor allem darin, dass er bei diesen Wanderfahrten, zu denen die Jugend sich nun aus eigenem Antrieb zusammenfindet, das *Erlebnis einer urtümlichen Gemeinschaft* hat. Die kleine Zahl, die eigene Initiative der Jugend, das freie Naturerleben und die ungewöhnlichen, so sehr einfachen Lebensbedingungen schaffen ein Miteinandersein besonderer Art mit einer Atmosphäre tiefer Wahrhaftigkeit, Innerlichkeit und Verantwortlichkeit. Diese kleine Gemeinschaft fordert den ganzen Menschen für sich und entwickelt bisher ungeahnte Kräfte der Selbsterziehung und Selbstentfaltung, des Dienens und des Führens aus innerer Autorität und Berufung heraus. Man erlebt erst recht den Gegensatz zu der fade, veräußerlicht und unwahrhaftig erscheinenden spätbürgerlichen Welt.

Daraus erwächst in der Jugend damals ein *neuer Lebensstil*. Man wendet sich ganz dem schöpferisch-irrationalen Leben und seinem urtümlichen Ausdruck zu. Man erstrebt eine neue Verwurzelung des Menschen in Heimat, Landschaft und bäuerlicher Welt mit vielfach romantisch-deutschtümelndem Einschlag. Man hat wieder *Freude an Volkstum und Volkskultur*, besonders an Volkslied und an Volkstanz sowie an einer *volkstümlichen Bildung*. Man findet eine neue Einstellung zu Körper, Körperbewegung und Körperausdruck und ein neues Verhältnis der Geschlechter zueinander. Man gelangt zu neuen Formen der Geselligkeit, des Feierns, der Kleidung und der Wohnkultur. Das alles ist *bewusst unkonventionell*, „unbürgerlich". Die Jugend will ihr Leben selbst gestalten, aus eigener Verantwortung und in jugendmäßiger Form, als eine echte „Jugendkultur" (Wyneken), und lehnt das Gängeln durch die ältere Generation schroff ab. Sie ist misstrauisch gegen anspruchsvolle Tradition und sieht statt in die Vergangenheit in die Zukunft hinein, und sie schätzt das geronnene, zu festen Formen verhärtete Leben nicht. Umso mehr erwartet sie vom lebendigen Werden selbst. So ist ihr auch bei ihrem eigenen Lebensstil wichtig, dass die Formen sich so wenig wie möglich verfestigen, dass sie dem flutenden Leben so nahe wie möglich bleiben. *Es gehört zu dieser Jugend, dass sie „Bewegung" sein und nicht zum Ziel kommen will*. Das ist mit ein Grund dafür, dass sie viel problematisiert, auch über sich selbst, dass viel Gärung und Unklarheit in ihr ist und dass sie sich überhaupt vor Endgültigem, vor Programmen und vor Einordnen in Organisationen sehr scheut. Es lebt auch ein starker individualistischer Trieb in ihr, und ihr tiefes Erleben bleibt eben an kleine, persönliche Gemeinschaften gebunden, zudem ist es mehr irrational-gefühlsmäßig. So entsteht eine große Zahl von kleinen Gruppen und Bünden, und auch als sich die meisten zur „Freideutschen Jugend" zusammenschließen, bleibt das eine sehr lockere Form.

Aus: Albert Reble: Geschichte der Pädagogik. Stuttgart: Klett-Cotta, 19., durchgesehene Auflage 1999

Mein Junge, mit Mann und Frau läuft das so ...

Sollen Eltern ihre Kinder aufklären? Bitte nicht

Mein erstes erotisches Buch war der Duden. Er war es, bevor ich wusste, was Erotik ist. Ich las ihn heimlich und passte auf, mich nicht mit ihm erwischen zu lassen. Ich wunderte mich, dass er
5 so offen herumstand. Seit ich auf Zehenspitzen das Brett des Regals zu fassen bekam, das ihn trug, war der Duden ein erregendes Buch voll verbotener Wörter. Körperwörter. Körperteilwörter. Tätigkeitswörter. Das eindrücklichste von allen
10 fing mit ‚f‘ an und hörte mit ‚n‘ auf, und dazwischen stand die erste Person Singular, berlinerisch formuliert. Mein Verhältnis zum Duden war dermaßen aufgeladen, dass dieser honorige Name selbst unter Strom stand. Duden – dies Wort zu
15 denken, hinzuschreiben oder gar offen auszusprechen bereitete mir ein anarchisches Gefühl. Es war das gleiche mulmige Fieber, die das Nachlesen dieser gewissen Wörter hervorrief, die der Duden zwischen so vielen braven Wörtern verborgen
20 hielt. Wörter, in denen Geheimnisse zitterten, von denen ein Junge ahnte, selig fürchtete, bang hoffte, dass auch er ihnen eines Tages im wirklichen Leben begegnen würde.

Damals kam ein neues Wort groß heraus und
25 machte sich breit – Aufklärung. Jeder musste aufgeklärt werden. Jeder musste aufgeklärt sein. Wer nicht aufgeklärt war, galt als armer Tropf und heimste hochgezogene Brauen und besorgtes Kopfschütteln ein: „Ja, haben sie dich denn nicht
30 aufgeklärt?“ Nein, haben sie nicht. Die Aufklärung hat um mich einen Bogen gemacht, Gott sei Dank. Den Duden-Wörtern bin ich später leibhaftig begegnet, aber wie es ist, bei lebendigem Leibe aufgeklärt zu werden, weiß ich bis heute nicht.
35 Ich stellte es mir ziemlich unangenehm vor, für beide Seiten. Aber am unangenehmsten ist es zweifellos für den, der aufgeklärt wird.

Natürlich meint es der Aufklärer gut mit seinem Opfer. Er oder sie oder alle beide möchten dem
40 unaufgeklärten Wicht schlechte Erfahrungen – und bei dem Wort Erfahrungen holt sie oder holt er so vernehmlich tief Luft, dass das Ausatmen all dieser Luft zu einem kleinen, verräterischen Seufzer gerät –, Erfahrungen also wollen Sie uns er-
45 sparen. Die schlechten natürlich. Die, die sie sich selbst so ausgiebig genehmigt haben, dass sie schon extratief ein- und ausatmen müssen, bevor sie auch nur andeutungsweise davon gesprochen haben. Das mit den schlechten Erfahrungen ist ein
50 Vorwand. Die Wahrheit ist, sie wollen einem Erfahrungen überhaupt ersparen.

Dafür sind sie bereit, das Flutlicht der Aufklärung anzuknipsen und das Geheimnis, bevor wir es er-
tasten können, gründlich auszuleuchten und mit
55 ihren kleinen, technischen, geschmacksneutralen Wörtern zu beschämen und zu vertreiben. Und für wen tun sie das alles? Für uns.

Wen die Aufklärer in die Mangel nehmen, der verliert etwas Wunderbares, etwas Fragiles, Offenes
60 unwiederbringlich. Er verliert das Beste, was er in der Hosentasche haben kann, wenn er dem Geheimnis, von dem er so lange geträumt hat, zum Beispiel mit Hilfe des Dudens, endlich begegnet – er verliert sein Nichtwissen. Einen Jungen oder ein
65 Mädchen aufklären heißt, ihm zu wissen geben, was er oder es noch nicht kennt. Die linke Hirnhälfte weiß dann mehr als der Rest des Körpers und bringt ihn damit in Verlegenheit wie ein altkluger, vorlauter Primus seine dümmeren Mitschü-
70 ler. Wozu aber soll es gut sein, bevor ich zum ersten Mal in einen Apfel beiße, ein Buch über Äpfel zu lesen? Es wird mich nur verwirren und mir den kostbaren Moment des ersten Bisses stehlen, ihn in Vergleichen mit angelesenen Normen töten. Keine
75 Ahnung gehabt zu haben, wie es sein würde, wenn die roten Waldameisen über uns krochen, wie sie war und ich und es, das war die Freiheit, die mir der diskrete, bilderlose Duden gelassen hatte. Die Aufklärung mit ihren pädagogisch wertvollen
80 Lehrmaterialien und Bildtafeln hat um mich einen großen Bogen gemacht, und das ist gut so.

Schweigen belässt alles im Sagenhaften.

Aber, lautet der Einwand, geredet wird immer. Wenn nicht mit den Eltern, dann mit den Altersge-
85 nossen – die wilde Aufklärung findet auf jeden Fall statt, und auch sie pflanzt ihre Normen ins Hirn. Ja, vielleicht. Und doch ist das Reden unter Jungs etwas völlig anderes als Aufklärung. Ein Drittel Angeberei, ein Drittel echter Geheimnis-
90 verrat, ein Drittel gemeinsames Schwelgen im Ungewissen. Es lässt die Sache im Vagen, im Sagenhaften. Es reißt nicht die Laken fort, es zerstört nicht die Freiheit des Traumes durch die Erörterung technischer Details.

Der aufgeklärte Aufklärer von heute weiß selbstre-
95 dend um die Erkältungsgefahr, die von ihm ausgeht. Und so versucht er, besonders nett und einfühlsam zu seinem Sohn, seiner Tochter zu sein. Sie als seinesgleichen zu behandeln. Mit ihnen von Freund zu Freund zu sprechen oder gar – Obacht! – Erfahrun-
100 gen zu teilen. Ein tragisches Missverständnis. Glück hat, wessen Eltern so taktvoll sind, ihm oder ihr solche „eigenen Erfahrungen“ zu erlassen – eine qualvolle Stunde peinlicher Bekenntnisse, die kein Sohn, keine Tochter von den Eltern hören will.
105

Leider ist die andere Seite viel stärker verbreitet. Und die Aufklärer müssen nicht einmal redselig und mitteilungsbedürftig sein. Folgender Fall zeigt das: Ein geschiedener Vater wundert sich,
110 sein Sohn sei so merkwürdig. Während des Gesprächs erwähnt er seine Gewohnheit, nackt durch die Wohnung zu laufen, in der er mit dem Sohn lebt. Er finde, sagt er, nichts dabei, und gebraucht Ausdrücke wie „natürlich" und „unverklemmt".
115 Der Vorhalt, sich einmal in die Lage seines Sohnes zu versetzen oder, besser noch, sich auszumalen, sein eigener Vater wäre nackt im Hause herumgelaufen, ganz unverklemmt, als er selbst vierzehn war, kann ihn nicht irritieren: „Aber das
120 ist doch etwas ganz anderes. Eine andere Zeit, und so streng und verklemmt, wie mein Vater war." Sich selbst findet dieser Aufklärer so frisch und jugendlich, dass sein eigener Sohn sich nicht so haben und ihn ruhig als Gleichaltrigen adoptieren
125 soll. Halten wir fest: Dieser Mann und Vater ist das einzig unverklemmte Glied in einer Kette der Verklemmten. Könnten sein Sohn und sein verstorbener Vater miteinander reden, sie hätten manches zu seufzen und viel zu lachen.

Für den rabiaten Aufklärer ist Scham, ist der 130 Wunsch, die eigene Nacktheit nicht mit jedem – mit ihm! – zu teilen, ein Tabu, und Tabus, das hat er gelernt, gehören gebrochen, wo man sie trifft. Aber ein Junge von vierzehn, fünfzehn will sein Geheimnis, seinen beschleunigten Puls, seine 135 Nacktheit nicht mit Erwachsenen teilen, mit den Eltern schon gar nicht. Der Körper des Vaters hat all das erfahren, was dem Sohn bevorsteht oder was er gerade entdeckt. Natürlich gibt es den Impuls, hinzuhören, hinzuschauen, etwas aus der er- 140 wachsenen Intimität wissen zu wollen. Aber die konträre Empfindung ist viel stärker, viel elementarer: Ich will es nicht wissen, ich will nichts davon sehen. Es überschüttet mich mit fremdem Gelebten. Schert euch zum Teufel mit euren 145 Schaubildern, eurem Mitteilungsdrang – mein süßes Nichtwissen gehört mir.

Xaver Ydstein

Aus: Die Zeit Nr. 23 vom 2. Juni 1999. Rubrik: Leben, S. 15

Wedekind zu Frühlings Erwachen

„Sehr geehrter Herr
Gestatten Sie mir, Ihnen mit gleicher Post eine Arbeit ‚Frühlingserwachen‘ vorzulegen, in der ich die Erscheinungen der Pubertät bei der heran-
5 wachsenden Jugend poetisch zu gestalten suchte, um denselben wenn möglich bei Erziehern, Eltern und Lehrern zu einer humaneren rationelleren Beurteilung zu verhelfen. [...]“
(Wedekind, 1891)

10 „Ich begann zu schreiben ohne irgendeinen Plan, mit der Absicht zu schreiben, was mir Vergnügen macht. Der Plan entstand erst nach der dritten Szene und setzte sich aus persönlichen Erlebnissen oder Erlebnissen meiner Schulkameraden zu-
15 sammen. Fast jede Szene entspricht einem wirkli-

chen Vorgang. Sogar die Worte: „Der Junge war nicht von mir“, die man mir als krasse Übertreibung vorgeworfen, fielen in Wirklichkeit. Während der Arbeit bildete ich mir etwas darauf
20 ein, in keiner Szene, sei sie noch so ernst, den Humor zu verlieren. Bis zur Aufführung durch Reinhardt galt das Stück als reine Pornografie. Jetzt hat man sich dazu aufgerafft, es als trockenste Schulmeisterei anzuerkennen. Humor will noch
25 immer niemand darin sehen.
Es widerstrebte mir, das Stück ohne Ausblick auf das Leben der Erwachsenen unter Schulkindern zu schließen. Deshalb führte ich in der letzten Szene den Vermummten Herrn an.“

30 (Wedekind, 1911)

Frühlings Erwachen – *„Kernaussagen“ (Vorschlag)*

- Die Schule ersetzt Ihnen die Gesundheit nicht. (27, 24/25)

- [...] es gibt keine Liebe! – Alles Eigennutz, alles Egoismus! (37, 3/4)

- Wer zu schwach für den Marsch ist, bleibt am Wege. (56, 21)

- Ich habe an dir nicht anders getan, als meine liebe gute Mutter an mir getan hat. (65, 10/11)

- Schöpfen wir ab! (66, 35)

- Unter Moral verstehe ich das reelle Produkt zweier imaginärer Größen. Die imaginären Größen sind *Sollen* und *Wollen*. (73, 31-33)

Frühlings Erwachen – *Rollentexte*

Die Rollentexte dienen der Einfühlung in Figuren(gruppen) und können eigenen Standbildern, fotografischen Versuchen, szenischen Interpretationen, Schreibaufträgen etc. zugrunde gelegt werden.

Die Schüler

Du bist Schüler eines Gymnasiums in einer Kleinstadt im Jahr 1888. Du gehst in die 8. Klasse (Untertertia) und musst täglich 5-6 Stunden Unterricht
5 über dich ergehen lassen. Unterricht bekommt ihr neben den Realfächern in 4-5 Sprachen (Französisch, Englisch, Griechisch, Latein), Philosophie, Religion, Geometrie, Spracherziehung usw. In deiner Klasse sind 67 Schüler (nur Jungen). Ihr
10 sitzt auf harten Holzbänken in Reihen hintereinander, vorne sitzen die Rangbesten, hinten sitzen die schlechtesten auf der „Eselsbank". Da der Klassenraum nur 60 Schüler fasst, müssen mindestens 7 Schüler sitzenbleiben. Vorne auf einem
15 Podest steht das Katheder, von dem aus die Lehrer unterrichten. Der Unterricht besteht im Wesentlichen darin, dass Fragen gestellt werden, die ihr richtig beantworten müsst. Die Fragen beziehen sich dabei auf das Pensum, das ihr zuhause lernen
20 musstet. Bewertet wird dabei nicht nur die richtige Antwort, sondern auch die der humanistischen Bildung angemessene sprachliche Darstellung. Der Lehrer trägt jeden Fehler, den ihr macht, in ein kleines rotes Buch ein. Damit er euch nicht
25 verwechselt, achtet er auf eine genaue Sitzordnung, die sich an der Leistung orientiert, vorne sitzt der Primus usw. Die Lehrer kennen euch nicht mit Namen, ein privates Gespräch habt ihr nie mit ihnen geführt, sie würden es auch nicht
30 zulassen. Auch im Unterricht geht es nur um den Stoff, über Probleme von euch, und seien es Verständnisprobleme, wird im Unterricht nie gesprochen. Ihr kennt den Lehrer nicht, interessiert euch nur für das rote Büchlein und das Klassenbuch,
35 weil darin eure Fehler, eure Zensuren und euer Rangplatz festgehalten werden.

Die Schule beschäftigt euch nicht nur am Vormittag, sondern vor allem auch nachmittags, weil ihr die Pensen lernen müsst. Eure Eltern verlangen
40 von euch, dass ihr einen anständigen Rangplatz einnehmt und einen guten Abschluss bekommt. Ein Versagen von euch wird von ihnen als Beleidigung gesehen und entsprechend bestraft. So droht man euch, wenn ihr eine schlechte Zensur
45 mit nach Hause bringt, dass man euch von der Schule nehmen und ein Handwerk lernen lassen werde. Das erzeugt bei euch Angst, weil ihr wisst, dass das Armut, Hunger, Schmutz und Elend bedeutet … Auch sonst verlangen die Eltern von
50 euch, dass ihr euch ihnen unterordnet, ihren Anordnungen Folge leistet und ihnen nicht widersprecht. Ihr sollt so sein, wie sie sich das vorstellen. Eigene Bedürfnisse müssen zurückstehen, die hätten sie früher auch nicht haben dürfen. Als
55 Kind habe man zunächst Pflichten, bevor man Rechte beanspruchen könne. Ihr sollt dankbar sein dafür, dass man euch die Ausbildung ermögliche, und habt keinen Anspruch darauf, Forderungen zu stellen.

Vor allem sollt ihr euch an die Regeln von Sitte 60 und Anstand halten. Dazu gehört, dass ihr über körperliche und sexuelle Probleme schweigt und keine dummen Fragen stellt. Obwohl ihr spürt, dass sich bei euch körperlich etwas verändert, dass ihr sexuelle Bedürfnisse habt, Träume euch 65 plagen, dass ihr im Schlaf einen Samenerguss bekommt, wisst ihr nicht genau, was es damit auf sich hat. Alle schweigen sich aus, die Eltern, die Schule, die Bücher und Journale. Natürlich gibt es unter der Hand auch Nacktfotos und pornografi- 70 sche Schriften, aber an die kommen nur wenige ran. Die meisten von euch haben noch nie ein nacktes Mädchen gesehen, keiner hat die Eltern nackend gesehen, wenn ihr auch hin und wieder eigenartige Geräusche aus dem Schlafzimmer 75 hört. Weil ihr nicht fragen dürft, habt ihr bei sexuellen Regungen Schuldgefühle. Deshalb fällt es euch auch schwer, mit anderen Jungen darüber zu sprechen …

Die Schülerinnen
80

Du bist Schülerin der höheren Mädchenschule einer Kleinstadt im Jahre 1888. Du gehst in die 7. Klasse, musst dabei täglich 5-6 Stunden Unterricht über dich ergehen lassen. Neben den allgemein bildenden Fächern und den Sprachen (Eng- 85 lisch und Französisch) sind die wichtigsten Fächer Religion, Musik, Kochen, Hausarbeit, Literatur und Tanz. In eurer Klasse sind 40 Mädchen, die fast alle aus besseren Elternhäusern stammen. Die Lehrerinnen, die euch unterrichten, achten auf 90 Sauberkeit, Ordnung, ordentliche Kleidung, braves und gesittetes Benehmen. Ihr müsst immer in Gruppen zusammen gehen und sitzen, dürft nicht laufen und nur leise sprechen. Während des Unterrichts wird Fleiß verlangt, aber das ist bei euch 95 selbstverständlich. Ihr sitzt in Bankreihen hintereinander, steht auf, wenn euch das Fräulein aufruft, und antwortet in einfacher Sprache, wobei ihr angehalten werdet, den Blick nach unten zu senken. Die Lehrerinnen sind euer Vorbild. Ihr lernt gern und fleißig.

Ihr habt nicht so viel Hausaufgaben auf, weil ihr zu Hause im Haushalt helfen müsst und nebenher noch Gesangs- und Klavierunterricht habt. Eure
105 Eltern sorgen dafür, dass ihr anständig und züchtig gekleidet seid, euch im Haushalt nützlich macht und auch hin und wieder bei Bekannten oder auch armen Familien aushelft. Wenn ihr ausgeht, müssen immer Freundinnen oder Erwachsene dabei
110 sein, und auch zur Schule sollt ihr eigentlich nie allein gehen. Ein Kontakt mit Jungen ist euch untersagt, ihr seht sie meistens nur von weitem, nur in Ausnahmefällen dürft ihr mal zu einem Kinderfest, aber nur, wenn sie im Haus von angesehenen
115 Familien stattfinden (z.B. bei Rilows).

Über euren Körper und seine Bedürfnisse wisst ihr genauso wenig wie über die Körper von Männern und das Kinderkriegen. Ihr wisst nur, dass ihr später heiraten werdet und dass man dann Kin-
120 der kriegt. Eure Eltern habt ihr nie nackend gesehen, über Sexualität und Kinderkriegen wird nie gesprochen, obwohl ihr spürt, dass das etwas Wichtiges ist. Wie Männer nackend aussehen, wisst ihr nicht, eigentlich habt ihr auch noch nicht
125 darüber nachgedacht, es interessiert euch auch nicht. Irgendwie findet ihr Jungen, zumindest Einzelne, interessant, manchmal träumt ihr auch von ihnen und redet miteinander darüber …
Dass sich der eigene Körper verändert und die
130 Menstruation einsetzt, das findet ihr verwunderlich, aber auch Angst erzeugend. Irgendwie ist das unsauber, krankhaft …

Die Eltern

Ihr lebt in einer Kleinstadt im Jahre 1888, gehört
135 zum Kleinbürgertum, die Männer arbeiten in der Verwaltung oder im kaufmännischen Bereich. Ihr müsst hart arbeiten und euch streng an Sitte und Gesetz halten, damit ihr nicht in schlechten Ruf geratet und eure Stellung in Beruf und Gesell-
140 schaft gefährdet. Eure Kinder sollen es besser, zumindest aber so gut wie ihr haben. Deshalb habt ihr sie aufs Gymnasium (Söhne) bzw. auf die höhere Töchterschule geschickt (Töchter). Ihr erwartet, dass die Kinder in der Schule hart arbeiten,
145 gute Leistungen bringen und ein gutes Abschlusszeugnis erhalten; nur so können sie den Beruf ergreifen, den ihr für sie vorgesehen habt (Verwaltungsbeamte, technische Angestellte). Wer etwas werden will, muss etwas leisten und sich anpassen
150 können. Die Kinder sollen dankbar sein, dass ihre

Eltern ihnen eine so gute Ausbildung ermöglichen. Scheitern sie in der Schule (oder bleiben sie sitzen), ist das eine Schande für die ganze Familie und eine Missachtung der elterlichen Autorität.

Als Eltern wisst ihr besser als die Kinder, worum 155 es im Leben geht und was für sie gut ist. Kinder haben da nicht mitzureden und mitzuentscheiden. Eigene Bedürfnisse und Interessen können sie verfolgen, wenn sie etwas geworden sind. Jetzt muss gearbeitet werden. Sinnliche und körperliche Be- 160 dürfnisse wie Sport, Sexualität, Belustigungen u.A. sind unwichtig, stören die Arbeit und lenken ab. Ihr durftet ihnen auch nicht nachgeben, im Übrigen sind sie unanständig. Nur wenn man darüber spricht und nachdenkt, werden sie wichtig. 165 Deshalb müssen sie verschwiegen werden, dann werden sie auch vergessen. Im Übrigen haben die Kinder dafür noch Zeit, wenn sie verheiratet sind. Wenn die Jungen sich vor der Ehe schon mal „die Hörner abstoßen", habt ihr nichts dagegen, wenn 170 es nicht öffentlich wird: Schließlich müssen sie ja wissen, wie sie später ihre Ehefrauen behandeln sollen. Aber die Mädchen dürfen bis zur Ehe nichts vom Geschlechtlichen erfahren, wollen sie auch nicht, schließlich kennen sie von Natur aus 175 keine sexuellen Bedürfnisse. Sie müssen seelisch und körperlich rein in die Ehe gehen, wo sie vom Mann zum geschlechtlichen Leben und zum Kinderkriegen erweckt werden. Deshalb müssen sie von allem Anzüglichen ferngehalten werden, sol- 180 len nicht wissen, wie ein Mann nackt aussieht, wie Kinder gezeugt werden. Sie sollen ihre Pflicht tun und sich für ihre spätere Aufgabe als Hausfrau und Mutter vorbereiten: durch Hausarbeit, aber auch durch eine höhere Bildung (Klavier, Singen, 185 Literatur), mit der sie einen kulturell anspruchsvollen Haushalt führen können.

Die Lehrer

Ihr seid Angestellte eines Gymnasiums in einer Kleinstadt im Jahr 1888. Als Professoren verdient 190 ihr nicht viel Geld, müsst aber täglich 5-6 Stunden in 3-4 Fächern unterrichten. Ihr versteht euch als Fachwissenschaftler. Der Lehrplan ist euch genau vorgegeben, ihr müsst ihn genau einhalten, anderenfalls droht euch die Entlassung. In jeder Klasse 195 sind zwischen 60 und 70 Schüler, das sind mehr Schüler, als der Klassenraum fassen kann: Ihr habt deshalb ein Interesse daran, dass möglichst viele Schüler sitzenbleiben. Damit ihr die Anforderungen des Lehrplans erfüllen könnt, muss der Unter- 200 richt sehr diszipliniert ablaufen. Ihr sitzt oben hinter dem Katheder, die Schüler sitzen unten in

Bankreihen hintereinander so geordnet, dass ihr sie alle im Blick habt. Wichtig ist dabei die Rang-
205 folge: In der ersten Reihe sitzt der Primus, dane-ben folgen die anderen guten Schüler. Je weiter nach hinten die Schüler sitzen, umso schlechter sind ihre Leistungen. Ganz hinten ist die Esels-bank: Da sitzen die Schüler, die sowieso nicht
210 versetzt werden. Jede Woche wird die Rangliste überprüft und eventuell korrigiert. Die Schüler müssen während des Unterrichts die Hände auf den Tisch legen und den Blick nach vorne ge-wandt halten; wer den Platz verlässt, wird bestraft.

215 Damit die Stofffülle bewältigt werden kann, wird das Pensum in Teile zerlegt, die die Schüler zu Hause lernen müssen. Im Unterricht wird dann der Stoff abgefragt. Jeder Fehler wird in ein klei-nes rotes Buch geschrieben. Bewertet wird dabei
220 nicht nur die Beherrschung des Stoffes, sondern

die Ausdrucksweise, die gebildet sein muss, und natürlich auch die Disziplin.

Ihr habt euch dabei jeweils ein System erarbeitet. Als Unterscheidungsmerkmale kennt ihr nur die Fehler und die Rangfolge der Schüler, nicht ihre 225 Namen. Ihr habt nie mit Schülern persönlich gesprochen, das interessiert euch auch nicht, würde eher der Autorität schaden. Pädagogische Probleme gibt es nicht und brauchen auch nicht besprochen werden; Konferenzen sind überflüssig und stellen 230 nur eine zusätzliche Belastung dar. Schüler, die durch aufsässiges Verhalten auffallen, haben in der Schule nichts zu suchen: Sie sind unreif oder asozi-al und müssen relegiert werden.

Aus: Ingo Scheller – Szenische Interpretation: Frank Wedekind: Frühlings Erwachen. Vorschläge, Materialien und Dokumente zum erfahrungsbezogenen Umgang mit Literatur und Alltagsgeschichte(n). Oldenburg: Universität Oldenburg, Zentrum für Pädagogische Berufspraxis 1989, S. 38ff.

Hauptprobleme heutiger Jugendlicher

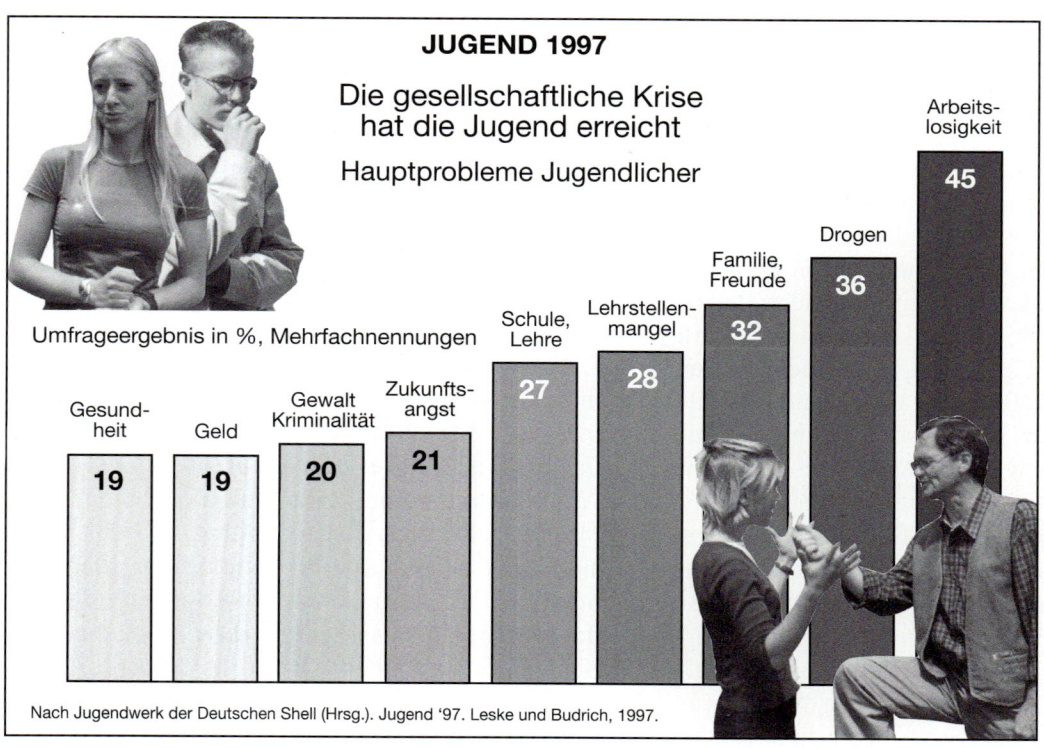

JUGEND 1997

Die gesellschaftliche Krise hat die Jugend erreicht

Hauptprobleme Jugendlicher

Umfrageergebnis in %, Mehrfachnennungen

Gesund-heit 19 | Geld 19 | Gewalt Kriminalität 20 | Zukunfts-angst 21 | Schule, Lehre 27 | Lehrstellen-mangel 28 | Familie, Freunde 32 | Drogen 36 | Arbeits-losigkeit 45

Nach Jugendwerk der Deutschen Shell (Hrsg.). Jugend '97. Leske und Budrich, 1997.

Nach: Jugendwerk der Deutschen Shell (Hg.): Jugend '97. Leske + Budrich 1997

Vorschläge für Referate

Jedes Referat soll so eng wie möglich an *Frühlings Erwachen* angebunden werden, z.B. durch vergleichende Textbelege.
[Vgl. bitte auch „Leseempfehlungen für Schülerinnen und Schüler" (S. 108) und „Literatur" (S. 110)].

- Entwurf und Auswertung eines Fragebogens für den Kurs/die Klasse zum persönlichen Eindruck von *Frühlings Erwachen*

- Das Leben Frank Wedekinds

- Das Werk Frank Wedekinds

- Ein Zeitbild des ausgehenden 19. Jahrhunderts

- Analyse einer/mehrerer Ausgabe(n) des *Simplicissimus* im Hinblick auf gesellschaftliche Hintergründe und inhaltliche Aspekte der Kindertragödie

- Die „alte" Schule

- Sozialdarwinismus

- Schülerselbstmorde

- Jugendbewegung

- Die Pädagogik Rousseaus/Pestalozzis

- Die Freud'sche Psychoanalyse

- Wie beeinflussten die Zensur-Streichungen (s. Textausgabe) Inszenierung und Rezeption von *Frühlings Erwachen*?

- Wichtige Inszenierungen von *Frühlings Erwachen*

- Thomas Mann – *Schulepisode*: Vergleich mit *Frühlings Erwachen*

- Emil Strauß – *Freund Hein:* Vergleich mit *Frühlings Erwachen*

- Hermann Hesse – *Unterm Rad*: Vergleich mit *Frühlings Erwachen*

- Friedrich Torberg – *Der Schüler Gerber:* Vergleich mit *Frühlings Erwachen*

- *Frühlings Erwachen* – Position in den literarischen Strömungen der Jahrhundertwende

- *Frühlings Erwachen* und die Emanzipation der Frau

- Hauptprobleme Jugendlicher: Vorbereitung, Durchführung, Auswertung und Interpretation einer anonymen Erhebung im Kurs

- Präsentation von Schellers Ansatz zur Szenischen Interpretation von *Frühlings Erwachen*

Leseempfehlungen für Schülerinnen und Schüler

Diese kleine Auswahl nennt Texte, welche durch das Schul-Thema sowie durch weitere Motive in einem engen inhaltlichen Zusammenhang mit Frühlings Erwachen *stehen.*

Tschingis Aitmatow: Der erste Lehrer. Roman. Kunstmann.*
<Ein Komsomolze gründet 1923 in einem entlegenen Gebirgsdorf in Kirgisien die erste Schule und bewahrt ein Mädchen davor, das traurige Los der unterdrückten orientalischen Frauen zu teilen.> (Lexikon des Internationalen Films, II, 1421)

Hermann Hesse: Unterm Rad. Erzählung. Suhrkamp.
<Hans Giebenrath, der sensible Sohn eines ehrgeizigen Kleinbürgers, wird auf Betreiben seines Vaters von den Lehrern und Honoratioren seiner süddeutschen Kleinstadt als einziger Kandidat für das traditionelle württembergische „Landesexamen" ausgewählt.> (Kindlers Neues Literatur Lexikon, VII, 805)

Ninon Hesse (Hg.): Kindheit und Jugend vor Neunzehnhundert. Hermann Hesse in Briefen und Lebenszeugnissen. 2 Bände: 1877-1895/1895-1900. Suhrkamp.
<Die Bände enthalten z.B. aufschlussreiche Briefe aus Hesses Schulzeit in Maulbronn.>

Anna M. Jokl: Die Perlmutterfarbe. Kinderroman. Suhrkamp.
<Anna Maria Jokl erzählt von dem Zusammenleben zweier Schulklassen, der A und der B, das empfindlich gestört wird, als ein Junge, Alexander, das Buch eines Schulkameraden an sich nimmt, um es zu Hause in Ruhe zu lesen, und über dieses Buch die Farbe verschüttet, die ein dritter Junge, Maulwurf, gemischt hat.> (Klappentext)

N.H. Kleinbaum: Der Club der toten Dichter. Roman. Bastei.*
<Ein unorthodoxer Lehrer, der im Herbst 1959 sein neues Amt an einem konservativ-strengen College in Neuengland antritt, leitet die Schüler seiner Klasse zur Selbsterkenntnis und zur Verwirklichung der eigenen Identität an.> (Lexikon des Internationalen Films, I, 877)

Heinrich Mann: Professor Unrat. Roman. Rowohlt.*
<Der alternde Gymnasialprofessor Raat, seit mehr als einem Vierteljahrhundert im Schuldienst tätig und traditionsgemäß als „Unrat" verhöhnt, ordnet sein Verhältnis zu den Schülern psychologisch demselben Machtprinzip unter, das er – ein glühender Chauvinist, der *„über die Pflichttreue, den

Segen der Schule und die Liebe zum Waffendienst" Aufsätze schreiben lässt – politisch vertritt.> (Kindler, XI, 46)

Thomas Mann: Buddenbrooks. Die Schulepisode. (Romanauszug). Klett.*
<Ein Schulvormittag am Lübecker Realgymnasium im Jahr 1877. Auf dem Stundenplan von Hanno Buddenbrook stehen: Religion, Latein, Chemie, Englisch, Erdkunde und Zeichnen ...>
(Das Leseheft enthält neben der Schulepisode Auszüge anderer Texte der Schulliteratur.)

Volker Michels (Hg.): Unterbrochene Schulstunde. Anthologie. Suhrkamp.

Robert Musil: Die Verwirrungen des Zöglings Törleß. Roman. Rowohlt.*
<In der „guten Gesellschaft" zeichnet sich die Internatsschule zu W. durch angestammtes Prestige aus. Dennoch leidet der „Zögling" Törleß unter ihren Lebensbedingungen von Anfang an.> (Kindler, XII, 117)

Emil Strauß: Freund Hein. Roman. Reclam.
<Der Gymnasiast Heinrich Lindner wird durch den Widerstreit zwischen seiner musikalisch-künstlerischen Begabung und seiner Unfähigkeit, den Anforderungen der Schule, besonders denen der mathematischen Disziplin, zu genügen, in den Freitod getrieben.> (Kindler, XVI, 63)

Wladimir Tendrjakow: Die Nacht nach der Entlassung. Suhrkamp.
<Bei der Schulentlassung schickt sich Julja, die Klassenbeste, an, eine Laudatio zu halten. Vor allem die Lehrer sind sich sicher, dass sie nun der Schule danken wird – der Institution für Geborgenheit und Sicherheit, und ihnen, den Lehrern, für die Vermittlung so vieler Kenntnisse. Statt dessen klagt Julja beide an. [...]> (Klappentext)

Friedrich Torberg: Der Schüler Gerber. Roman. dtv.*
<Der Roman, der in einer nicht identifizierbaren österreichischen Stadt spielt, berichtet chronologisch von den Erlebnissen „des letzten Jahrgangs am Realgymnasium XVI".> (Kindler, XVI, 707)

Klaus Westphalen (Hg.): Professor Unrat und seine Kollegen. Anthologie. Buchner.
<„Literarische Porträts des Philologen", so der Untertitel dieser Sammlung von vierzehn Schulgeschichten.>

---

* = es existiert mindestens eine Verfilmung

Leitfaden zur Szenenanalyse

Dieser Leitfaden geht speziell auf Erarbeitungsaspekte von *Frühlings Erwachen* ein und ergänzt allgemeinere Darstellungen (Textausgabe S. 113-115).

1. Position (der Szene im Drama)

2. Aufbau

3. Thematik/Konflikt
   a) Erziehung/Schule
   b) Pubertät/Aufklärung/Sexualität
   c) Natur – Gesellschaft
   d) Leben – Tod
   e) …

4. Tragik – Komik

5. Figuren

6. Figurenkonstellation
   a) Jugendliche – Erwachsene
   b) Jungen – Mädchen
   c) konform – nonkonform
   d) …

7. Sprache

8. Gesprächsführung

9. Schauplätze

10. Zeitgeschichtliche Rahmenbedingungen

11. Aktuelle Bedeutung

12. Biografische Impulse (persönliche, lebensgeschichtliche Relevanz der Szene)

13. Szenenspezifische Analyseaspekte

Literatur

Gottschalch, W.: Schülerkrisen. Autoritäre Erziehung, Flucht und Widerstand. Rowohlt. Reinbek. 1977
Analysen von *Frühlings Erwachen,* der *Schulepisode* aus Thomas Manns *Buddenbrooks* sowie von Hesses *Unterm Rad*. Text- und Bildmaterial.

Gregor-Dellin, M. (Hrsg.): Deutsche Schulzeit. Erinnerungen und Erzählungen aus drei Jahrhunderten. Nymphenburger. München. 3. Auflage 1986
Umfangreiche Anthologie von „Schulliteratur". Bibliografie mit zahlreichen Primärtexten.

Groß, C.P.: ...Verliebt ... verlobt ... verheiratet ... unter Adlers Fittichen 1871-1918. Arenhövel. Berlin 1986
Brillantes Zeitporträt mit einer Fülle von Bildmaterial zur Alltagsgeschichte.

Grotzer, P.: Die zweite Geburt. Figuren des Jugendlichen in der Literatur des 20. Jahrhunderts. Ammann. Zürich. 2 Bände. 1991
Komparatistische Analyse von Texten der „Schulliteratur".

Gudjons, H./Pieper, M./Wagener, B.: Auf meinen Spuren. Das Entdecken der eigenen Lebensgeschichte. Vorschläge und Übungen für pädagogische Arbeit und Selbsterfahrung. Bergmann und Helbig. Hamburg. 2. Auflage 1992
Unverzichtbares Standardwerk zur biografischen Selbstreflexion mit einer sehr großen Menge an Übungen (auch für den Unterricht).

Maier, K. E. (Hrsg.): Die Schule in der Literatur. Klinkhardt. Bad Heilbrunn. 1972
Umfangreiche Anthologie von „Schulliteratur". Ausgezeichnetes Nachwort.

Mann, Th.: Buddenbrooks. Die Schulepisode. Romanauszug. Klett. Stuttgart 1997
Vielfältige Textauszüge und Materialien zu „Schulerfahrungen".

Mix, Y.-G.: Die Schulen der Nation. Bildungskritik in der Literatur der Moderne. Metzler. Stuttgart/ Weimar. 1995
Habilitationsschrift mit umfangreichem Literaturverzeichnis.

Reble, A.: Geschichte der Pädagogik. Klett-Cotta. Stuttgart. 19., durchgesehene Auflage 1999
Guter Überblick, welcher viele der in *Frühlings Erwachen* literarisierten pädagogischen Aspekte anspricht.

Rogal, S.: Schul-Spuren. Möglichkeiten Biographischen Lernens im Pädagogikunterricht. Schneider Verlag Hohengehren. Baltmannsweiler. 1999
Grundzüge einer Biografischen Didaktik mit Impulsen, Materialien und Kopiervorlagen auch für den Deutschunterricht.

Scheibe, W.: Die Reformpädagogische Bewegung 1900-1932. Eine einführende Darstellung. Beltz. Weinheim/Basel. 10. Auflage 1994
Anschauliches Bild der Reformpädagogik, incl. ihrer Wurzeln.

Scheller, I.: Szenische Interpretation. Frank Wedekind – Frühlings Erwachen. Vorschläge, Materialien und Dokumente zum erfahrungsbezogenen Umgang mit Literatur und Alltagsgeschichte(n). Universität Oldenburg/BIS-Verlag. 2. Auflage 1989
Praxiserprobte Ideen und Materialien zur szenischen Interpretation.

Seehaus, G.: Frank Wedekind in Selbstzeugnissen und Bilddokumenten. Rowohlt. Reinbek. 1989
Titel aus der bekannten Reihe „rororo-Bildmonographien".

Wedekind, F.: Frühlings Erwachen. (CD-ROM). Reclam. Stuttgart. 1996
Eröffnet Möglichkeiten der Textbearbeitung für den Unterricht.

Wedekind, F.: Frühlings Erwachen. Deutscher Taschenbuch Verlag. München. 1997
Der Nachdruck des Textes folgt originalgetreu der Erstausgabe von 1891.

Bildnachweis